DEBUT D'UNE SERIE DE DOCUMENTS EN COULEUR

NOTICE HISTORIQUE

SUR

l'ancienne Route

DE CHARLES-EMMANUEL II

ET LES

Grottes des Echelles

AVEC PIÈCES JUSTIFICATIVES

ET DOCUMENTS

PAR

J. MARTIN-FRANKLIN ET L. VACCARONE

CHAMBÉRY	AIX-LES-BAINS
Librairie A. PERRIN	Librairie A. BOLLIET
6, Rue des Portiques	54, Place Centrale

1887

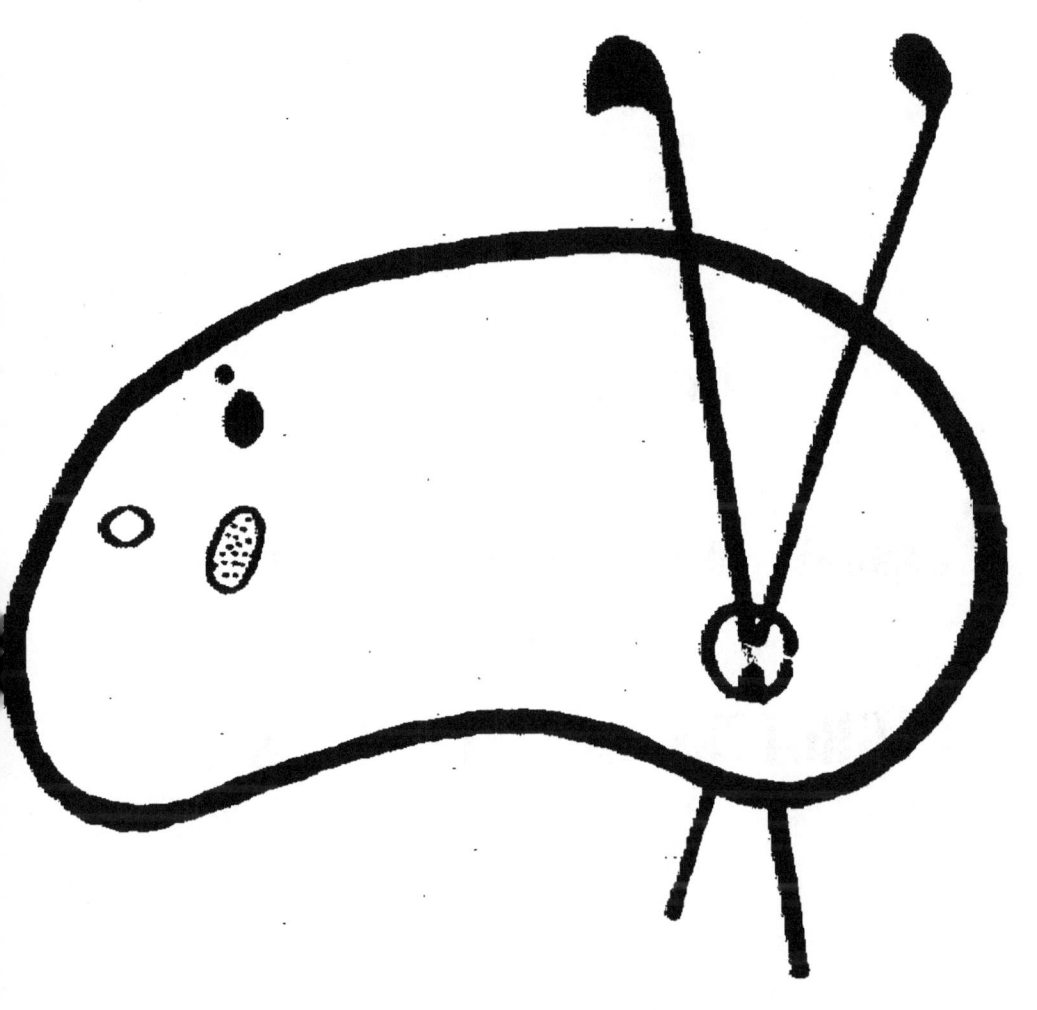

FIN D'UNE SERIE DE DOCUMENTS
EN COULEUR

NOTICE HISTORIQUE

SUR

L'ANCIENNE ROUTE DE CHARLES-EMMANUEL II

ET LES

GROTTES DES ÉCHELLES

CHAMBÉRY
IMPRIMERIE DRIVET ET GINET
Place Saint-Léger, 51

NOTICE HISTORIQUE

SUR

l'ancienne Route

DE CHARLES-EMMANUEL II

ET LES

Grottes des Echelles

AVEC PIÈCES JUSTIFICATIVES

ET DOCUMENTS

PAR

J. MARTIN-FRANKLIN ET L. VACCARONE

CHAMBÉRY	AIX-LES-BAINS
Librairie A. PERRIN	Librairie A. BOLLIET
6, Rue des Portiques	54, Place Centrale

1887

TABLE DES MATIÈRES

	Pages
Avant-Propos	XIII
Chapitre I. — Etat des communications entre la vallée des Echelles et celle de Couz, à l'époque romaine	1
Chapitre II. — Etat du bourg des Echelles et de ses communications avec Chambéry pendant le moyen-âge, et jusqu'à la construction de la route de Charles-Emmanuel II	9
Chapitre III. — Construction de la route de Charles-Emmanuel II. 1re période : études préliminaires ; — le maître auditeur Deschamps	25
Chapitre IV. — Construction de la route de Charles-Emmanuel II. 2e période : projets et travaux d'exécution ; — le maître auditeur Balland	37
Chapitre V. — Construction de la route de Charles-Emmanuel II. Partie entre la Grotte et Chambéry : les bois de Couz ; la Corbière ; le pont St-Charles	51
Chapitre VI. — Le monument élevé à Charles-Emmanuel II à la route des Echelles. Déboires de Balland au sujet de l'inscription commémorative qui y figure.	65
Chapitre VII. — Etat actuel de la route des Echelles ; la percée de Napoléon Ier ; les Grottes ; les gorges du Guiers ; les routes de la Grande-Chartreuse ; le chemin de fer de Chambéry au Pont-de-Beauvoisin	79

PIÈCES JUSTIFICATIVES ET DOCUMENTS DIVERS

I. 8 novembre 1266. Donation de Béatrix de Savoie, veuve de Raymond Bérenger IV, comte de Provence, à l'ordre des Hospitaliers de St-Jean-de-Jérusalem.................................... 101

II. 1399. Extrait du recueil des visites pastorales de l'évêque de Grenoble......................... 106

III. 18 février 1606. Extrait d'une lettre du sieur d'Albigny à S. A. R. Charles-Emmanuel Ier, duc de Savoie....................................... »

IV. 6 février 1654. Avis de la Chambre des Comptes de Savoie à S. A. R. le Duc de Savoie, concernant les réparations des chemins...................... 107

V. 27 février 1654. Avis de la Chambre des Comptes de Savoie à Madame Royale, concernant les réparations des chemins de la Crotte et Chaille......... 108

VI. 20 décembre 1655. Edit de S. A. R. Charles-Emmanuel II, concernant la réparation et l'entretien des chemins.. 110

VII. 21 août 1658. Ordonnance de la Chambre des Comptes de Savoie, concernant la réparation des chemins.. 114

VIII. 20 août 1661. Edit de S. A. R. Charles-Emmanuel II, concernant la messagerie entre Lyon et Milan, concédée au Marquis de Villeroy................. 115

IX. 21 septembre 1663. Abrégé des conditions imposées au concessionnaire de ladite messagerie......... 118

Extrait des lettres du Président de la Pérouse à S. A. R. le Duc de Savoie et à son ministre, de 1665 à 1671.

X. 30 janvier   1665, à S. A. R...................... 121
XI. 27 février   —   — .... »
XII. 6 et 20 mars —   — 122

XIII. 10 janvier	1670, au ministre...............	123
XIV. 7 février	— à S. A. R...................	»
XV. 8 mars	— au ministre..............	124
XVI. 16 mai	— à S. A. R...................	»
XVII. 28 novembre	— au ministre..............	125
XVIII. 28 novembre	— à S. A. R...................	»
XIX. 12 décembre	— —	126
XX. 13 —	— —	127
XXI. 17 —	— —	»
XXII. 26 —	— —	128
XXIII. 9 janvier	1671, à S. A. R................	»
XXIV. 9 janvier	— au ministre..............	129
XXV. 13 février	— —	»
XXVI. 27 —	— —	130
XXVII. 17 avril	— —	»
XXVIII. 1er mai	— —	»
XXIX. 8 mai	— à S. A. R...................	131
XXX. 8 mai	— au ministre..............	»
XXXI. 19 juin	— à S. A. R...................	132
XXXII. 19 juin	— au ministre..............	»
XXXIII. 7 août	— —	133
XXXIV. 4 septembre —	—	134

XXXV. 7 novembre 1668. Extrait de lettre du contrôleur-général des finances en Savoie, le Sr Carron Aynaud, conseiller d'Etat de S. A. R............. »

Extraits des lettres du Sr Deschamps, auditeur à la Chambre des Comptes de Savoie, à S. A. R. le duc de Savoie, de 1667 à 1672.

XXXVI. 15 janvier 1667....................	135
XXXVII. 18 février —	136
XXXVIII. 22 avril —	»
XXXIX. 6 mai —	137
XL. 19 mai —	»
XLI. 27 mai —	138
XLII. 3 juin —	139

XLIII. 16 juin	1667............................	139
XLIV. 22 juillet	—	»
XLV. 7 août	—	140
XLVI. 26 août	—	»
XLVII. 3 septembre	—	141
XLVIII. 23 juin	1668............................	»
XLIX. 1er septembre	—	142
L. 14 septembre	—	143
LI. 26 octobre	—	»
LII. 25 janvier	1669............................	145
LIII. 16 mars	—	»
LIV. 4 mai	—	»
LV. 24 mai	—	146
LVI. 1er juin	—	»
LVII. 3 août	—	147
LVIII. 16 août	—	»
LIX. 7 septembre	—	148
LX. 18 octobre	—	»
LXI. 15 novembre	—	»
LXII. 6 juin	1670............................	149
LXIII. Décembre	—	»
LXIV. 29 avril	1672............................	150

Lettres du Sr Balland, auditeur à la Chambre des Comptes de Savoie, à S. A. R. le duc de Savoie, de 1667 à 1675.

LXV. 22 octobre	1667............................	150
LXVI. 12 novembre	—	152
LXVII. 4 décembre	—	156
LXVIII. 28 juillet	1668............................	158
LXIX. 13 octobre	—	159
LXX. 25 octobre	—	161
LXXI. 3 novembre	—	164
LXXII. 10 novembre	—	165
LXXIII. 17 novembre	—	167
LXXIV. 1er décembre	—	168
LXXV. 2 mars	1669............................	169

— IX —

LXXVI. 16 mars	1669............................	171
LXXVII. 5 juillet	—	»
LXXVIII. 14 septembre	—	173
LXXIX. 28 décembre	—	174
LXXX. 31 janvier	1670............................	»
LXXXI. 31 mai	—	175
LXXXII. 13 juin	—	176
LXXXIII. 13 juillet	—	178
LXXXIV. 9 août	—	179
LXXXV. 24 août	—	»
LXXXVI. 25 octobre	—	»
LXXXVII. 30 mai	1671............................	180
LXXXVIII. 13 juin	—	181
LXXXIX. 5 décembre	—	»
XC. 9 janvier	1672............................	182
XCI. 17 juillet	1674............................	183
XCII. Août	—	184
XCIII. 4 août	—	185
XCIV. 18 août	—	186
XCV. 27 octobre	—	»
XCVI. 10 novembre	—	»
XCVII. 6 avril	1675............................	187
XCVIII. 26 avril	—	»

XCIX. 1674. Lettre du sieur Joseph Arnaud, fermier-général du Dace de Suse, à Messieurs du Consulat de Lyon.. 188

Extraits des minutes des contrats passés par la Chambre des Comptes de Savoie pour le chemin des Echelles.

C. 23 août 1649. Prix-fait pour la réparation du mur dit de Madame Royale et les réparations du chemin de la Crotte............................... 191

CI. 20 novembre 1649. Prix-fait pour réparations aux murs et au chemin de la Crotte................. 195

CII. 22 août 1654. Prix-fait pour réparations aux murs, aux canaux et aux pavés du chemin de la Crotte. 196

CIII. 2 septembre 1667. Prix-fait pour la construction des grands murs de soutènement et tous les autres travaux nécessaires pour mettre en état le chemin de la Crotte.. 198
CIV. 11 mars 1669. Prix-fait pour l'achèvement des grands murs de soutènement et des autres travaux nécessaires pour terminer le chemin de la Crotte. 201
CV. 20 décembre 1669. Prix-fait pour la construction des parapets au chemin de la Crotte............... 205
CVI. 28 avril 1670. Prix-fait pour la construction de murs de dérivation des eaux, de canaux, aqueducs et autres travaux au chemin de la Crotte........ 206
CVII. 6 avril 1672. Prix-fait donné à M. François Devauge, sculpteur, pour faire les armoiries et inscriptions commémoratives au chemin de la Crotte.. 208
CVIII. 1er mai 1672. Caution prêtée audit Devauge par M. Cuenot... 210
CIX. 12 septembre 1674. Prix-fait donné à François Devauge et François Rumellin, pour la construction du monument de Charles-Emmanuel II au chemin de la Crotte.. »
CX. 26 juillet 1672. Attestation du Me auditeur Balland concernant l'inscription et les armoiries à placer au chemin de la Crotte............................... 213
CXI. 11 juin 1676. Attestation de Me Humbert, commis à l'armoirie de la Crotte, concernant l'avancement des travaux du monument de Charles-Emmanuel II... 214
CXII. 22 novembre 1676. Attestation de Me Deschamps, sculpteur, concernant l'achèvement des travaux du monument de Charles-Emmanuel II........... »

Extraits de passages de divers écrivains qui ont parlé des Echelles et de la route de Charles-Emmanuel II.

CXIII. 1571. DELEXIUS. *Chorographia Insignum Locorum.* etc. Chambéry. François Pomard.......... 216

CXIV. 1682. *Théâtre des Etats de S. A. R. le Duc de Savoie.* La Haye, chez Adrian Moetjens......... 217

CXV. 1787. PISON DU GALLAND. Manuscrit contenant le récit d'un voyage de Grenoble au Mont-Cenis.... 220

CXVI. 1807. DE VERNEILH. *Statistique du département du Mont-Blanc.* Paris................................. 223

CXVII. 1828. DAVIDE BERTOLOTTI. *Viaggio in Savoia.* Torino................................... ... 224

CXVIII. 1837. TIMOLÉON CHAPPERON. *Guide de l'étranger à Chambéry et dans ses environs.* Chambéry.... 225

CXIX. 1837. STENDHAL. *Mémoires d'un touriste.*....... 227

CXX. 1861. ANTONIN MACÉ. Mémoire lu à la Sorbonne dans les séances extraordinaires du Comité des travaux historiques 229

CXXI. 1878. GABRIEL DE MORTILLET. *Guide en Savoie*.. 231

NOTES... 233

AVANT-PROPOS

En 1884, M. L. Vaccarone publia un travail très intéressant (1) sur les routes qui traversaient les Alpes Occidentales, parmi lesquelles figurait celle des Echelles. Nous lui avions fourni quelques documents plus ou moins importants sur cette route; mais M. Vaccarone, auquel ses fonctions aux archives de Turin facilitaient de consciencieuses recherches, avait pu retrouver les dossiers remontant au règne du duc Charles-Emmanuel II, et les nombreuses correspondances et autres pièces qu'il y trouva, relatives à la construction de cette route, lui permirent de donner un aperçu presque complet des vicissitudes qui signalèrent les travaux qui se firent de 1667 à 1671.

Depuis lors l'attention se porta de nouveau sur cette question, à l'occasion de la formation d'une Société ayant pour but l'aménagement des Grottes, qui sont une des intéressantes curiosités de la région traversée par l'ancienne route des Echelles. De nouvelles recherches

---

(1) *Le vie delle Alpi Occidentali negli antichi tempi*. Turin, chez Casanova, libraire.

permirent à M. Vaccarone de compléter le recueil des lettres adressées au duc Charles-Emmanuel II pendant la construction, des contrats passés pour l'exécution des travaux et des rapports et constatations auxquels ils donnèrent lieu ; nous avons pu également rassembler de notre côté quelques autres documents sur cette question. Nous sommes maintenant à même d'éclairer certains points assez controversés, et de montrer le peu de fondement des légendes qui encore actuellement ont cours parmi les gens du pays, sur l'état des communications entre la vallée des Echelles et celle de Couz, avant la construction de la route de Charles-Emmanuel II. Ces légendes reposaient sur certains faits mal interprétés, dont les documents recueillis nous permettront de donner la véritable signification.

Nous avons du reste mis sous les yeux du lecteur, non seulement la plupart des pièces justificatives que nous avons dû consulter, mais encore les extraits des différents auteurs qui ont parlé de l'ancien passage des Echelles. Presque complètement abandonné depuis près de soixante-dix ans, ce passage est maintenant fréquenté par de nombreux touristes qu'y attire la beauté des lieux, les curiosités naturelles, que l'on peut aujourd'hui commodément visiter, et les souvenirs historiques attachés à la construction de cette route.

Il nous a semblé qu'il serait intéressant à notre époque, où les grands travaux d'utilité publique sont une des caractéristiques du degré de civilisation, de raconter comment, il y a deux cent vingt ans, un prince éclairé, souverain d'un petit Etat, entreprenait et menait à bonne fin une œuvre d'une aussi grande importance ; car, toutes proportions gardées, elle avait, sur les communications entre la France et l'Italie, l'influence qu'a eue de nos jours l'ouverture du tunnel du Mont-Cenis, et la construction du chemin de fer qui traverse les Alpes. Non seulement les grands moyens d'exécution manquaient à ce prince, non seulement les ressources financières dont il disposait étaient peu considérables, mais encore les hommes spéciaux lui faisaient défaut. Les écoles ne fournissaient pas alors, comme aujourd'hui, ces corps d'ingénieurs et de spécialistes qui rendent facile l'exécution des grands travaux publics. Ce furent deux auditeurs à la Chambre des Comptes de Chambéry, Deschamps et Balland, et plus spécialement ce dernier, qui dirigèrent la construction de la route des Echelles, et nous verrons quelles difficultés ils durent surmonter. Ils n'avaient ni l'un ni l'autre les connaissances techniques nécessaires. Balland écrivait au duc, le 12 novembre 1667 (1), peu de temps après avoir été chargé de la direction des travaux, que le temps qu'il avait employé à l'étude des lois, l'aurait été plus utilement, s'il s'était adonné sérieusement aux études mathématiques. Les hommes intelligents et capables ne manquaient sans doute pas, mais ceux pourvus d'études pratiques étaient rares : on appelait ingénieur un maître maçon sachant lire, écrire, compter et donner, tant bien que mal, un coup de niveau. Le duc Charles-Emmanuel II dut se contenter des hommes qu'il avait sous la main. Nous verrons que, pour le travail dont nous nous occupons, son choix ne fut pas malheureux.

M. A. Perrin nous a également communiqué plusieurs documents sur les Echelles, dont il a cité quelques-uns dans l'intéressante lecture qu'il a faite en 1885 à une des

---

(1) *Pièces justificatives*, n° LXVI.

réunions hebdomadaires de la section de Chambéry du Club-Alpin français. Quoique nous ne partagions pas complètement ses idées au sujet de la position du chemin qui mettait en communication, au moyen-âge, la vallée des Echelles et celle de Couz, nous sommes d'accord avec lui sur le plus grand nombre des points qui ont suscité des controverses. Personne mieux que lui n'a étudié les questions que nous aborderons dans cet écrit, il sera souvent notre guide ; et si nous nous écartons, — une fois seulement, — du sentier qu'il nous a tracé, c'est en nous servant des armes qu'il nous a lui-même fournies.

En publiant cette étude, nous ne nous dissimulons cependant pas que les faits auxquels elle se rapporte paraîtront peu dignes d'intérêt à la plupart des lecteurs : quand il ne s'agit ni de guerres, ni d'intrigues diplomatiques, ni de révolutions, ni de compétitions parlementaires ou d'autres faits semblables, les recherches historiques ont peu d'attrait ; mais nous espérons qu'il se rencontrera, parmi ceux sous les yeux desquels tomberont ces pages, quelque esprit sympathique à ces luttes ignorées de l'homme contre les difficultés matérielles, à ces triomphes modestes qui ont souvent plus servi au bonheur des nations que le gain de maintes grandes batailles.

J. MARTIN-FRANKLIN.

I.

État des communications entre les Échelles et la vallée de Couz, à l'époque romaine.

Vers la fin de l'empire romain, deux grandes voies consulaires, partant de Milan, traversaient la Savoie et aboutissaient à Vienne. L'une, établie par le roi Cottius, passait par Turin et Suse, l'autre passait par Verceil, Aoste, le Petit-Saint-Bernard, Moûtiers, Chambéry, la station de *Labisco*, Saint-Genix-d'Aoste et Bourgoin. Voici, d'après l'itinéraire d'Antonin et la table de Peutinger, le nom des stations que cette seconde route traversait depuis Aoste, et les distances indiquées en milles romains :

AUGUSTA PRŒTORIA (Aoste).
ARÆBRIGIUM (Pont de Séran) 25
BERGINTRUM (Bellentre ou Bourg-St-Maurice) . . 18
DARANTASIA (Moûtiers ou Salins) 14
OBLIMUM (près de la Bâthie) 13
AD PUBLICANOS (L'Hôpital) 3
MANTALA (Bourg Evescal) 16
LEMINCUM (Chambéry) 16
LABISCONE 14
AUGUSTUM (Aoste près Saint-Genix) 14

Bergusia (Bourgoin).................... 16
Vienna (Vienne)....................... 20

Il y a eu beaucoup de discussions sur l'identification de la plupart de ces stations avec les localités modernes, mais aucune n'a suscité une variété d'opinions contraires, comme celle de *Labisco*, le *Labiscone* de la carte de Peutinger, dans laquelle le plus grand nombre des noms de stations sont mis à l'accusatif. Nous citerons les principales :

Raymond, dans sa carte des Alpes, place *Labisco* à Lanneu, près d'Yenne ;

Albanis-Beaumont, à Yenne même ;

Grillet, à Choisel, près d'Yenne ;

D'Anville, à Novalaise ;

De Luc, à Chevelu ;

Ducis, à Chevelu, Novalaise ou Lépin ;

Guy-Allard, De Vignet, E. Desjardins et la Commission de la Carte des Gaules ([1]), aux Echelles ([2]).

Si on tient compte surtout des distances, et nous savons que les Romains y attachaient la plus grande importance, puisque les itinéraires étaient destinés

---

(1) « Les mesures nous porteraient pour *Laviscone*, vers les Echelles, où la Commission de la Carte des Gaules a inscrit en effet cette localité. » (Notes de M. Ernest Desjardins sur la Table de Peutinger, 14 livraisons publiées chez Hachette. Paris.)

(2) Une nouvelle opinion vient de se produire récemment, c'est celle qui placerait *Labisco* au Pont-de-Beauvoisin. Cette idée singulière ne tient pas devant l'examen des distances : celle entre *Lemincum* et le Pont-de-Beauvoisin est quatre fois plus considérable que celle entre le Pont et *Augustum*.

principalement à renseigner sur le voyage des légions d'une partie à l'autre de l'empire, et sur les localités convenables pour y faire étape, il nous semble évident que c'est le bourg actuel des Echelles qui correspond le plus exactement à la station de *Labisco* de l'itinéraire d'Antonin et de la carte de Peutinger. Cette station est située à moitié chemin entre *Lemincum* (Chambéry) et *Augustum* (Aoste près Saint-Genix), dont l'identification n'est pas contestée. Or Yenne et les localités voisines, Lanneu et Choisel, sont beaucoup plus près de Saint-Genix que de Chambéry : il en est de même de Novalaise; il n'y aurait, en dehors des Echelles, que Chevelu qui serait à peu près équidistant de Chambéry et de Saint-Genix. Nous n'avons pas cité le Bourget où quelques-uns ont même voulu placer *Labisco*, mais ici la différence des distances est beaucoup plus considérable encore.

Albanis-Beaumont adopte pour le mille romain la valeur de 1,624 mètres : soit qu'on s'en tienne à cette évaluation, soit qu'on prenne celle de 75 au degré, c'est-à-dire 1,481^{m}48, on trouve sensiblement entre Chambéry et les Echelles, et entre les Echelles et Saint-Genix-d'Aoste, la distance de 14 milles, indiquée par la Table de Peutinger, entre *Lemincum* et *Labiscone*, et entre *Labiscone* et *Augustum*.

Les auteurs qui ont placé *Labisco* sur un point de la route qui traverse le col du Mont-du-Chat, ont surtout été guidés par l'existence incontestable d'une voie romaine dans cette direction; la grande quantité d'antiquités et de débris de l'époque romaine, recueillis sur le col, font croire qu'il s'y trouvait un temple probablement dédié à Mercure (1). Sur toutes les voies romaines, aux points culminants des cols, on rencontre souvent des monuments de ce genre, des temples élevés à de certaines divinités; il suffit de rappeler le temple de Jupiter, élevé au col du Petit-Saint-Bernard, dont il ne reste qu'une colonne appelée encore aujourd'hui colonne de Joux.

La voie du Mont-du-Chat était donc fréquentée à l'époque romaine, et elle continua à l'être pendant le moyen-âge. Dans son voyage de France en Italie, en 1580, Montaigne traversa ce col : « De là, dit-il, nous vîmes passer le Mont-du-Chat, haut, roide et pierreus, mais nullement dangereus ou mal aisé, au pied duquel se siet un grand lac, et le long d'icelui un château nommé Bordeau, où se font des épées de grand bruit. » De Luc a même voulu faire passer par ce col Annibal, dans son audacieuse expédition contre la puissance romaine.

Deux autres voies romaines traversaient la montagne de l'Epine, au sud du col du Mont-du-Chat; l'une se dirigeait sur Novalaise et traversait la montagne au passage de l'Epine ; l'autre allait à Aiguebelette et Lépin, par le col de Saint-Michel; on voit encore des parties bien reconnaissables de cette dernière voie.

---

(1) Dans un caveau de l'église du Bourget on voit encore une inscription, renfermant une action de grâces d'un T. Terentius Catulus(?) au dieu Mercure, qui a été trouvée au col du Mont-du-Chat.

Quoi qu'il en soit, et sans mettre en doute l'existence des voies romaines qui allaient de Lemincum à Yenne, à Lépin ou à Novalaise, on ne peut non plus nier qu'il en existât une autre allant de Lemincum aux Echelles et de là à Saint-Genix-d'Aoste. Il y a des traces évidentes de travaux considérables exécutés avant l'invention de la poudre pour rendre praticable le défilé des Echelles, sinon aux chariots, ce que les Romains ne tenaient pas pour indispensable quand ils traçaient leurs voies, au moins aux bêtes de somme et aux gens à cheval ; l'une des ouvertures, dit Timoléon Chapperon (¹), semble avoir été élargie ou coupée avec des instruments, dans un temps antérieur à la connaissance de la poudre. Et plus récemment dans les Mémoires lus à la Sorbonne, dans les séances extraordinaires du Comité des travaux historiques, M. Ant. Macé (²) dit : « Il est visible, en effet, et les paysans eux-mêmes en font la remarque, que les rochers ont été coupés et aplanis pour rendre la route plus praticable, à deux époques distinctes ; que les premiers travaux, à la partie supérieure, ont été opérés avec des ciseaux, dont on voit encore les entailles, à une époque où la poudre n'était pas connue. »

Ant. Macé attribue également aux Romains la construction d'un mur épais qui longe le côté nord-ouest de la route qui traverse le défilé des Echelles, et qui

---

(1) *Guide de l'étranger à Chambéry et dans ses environs. Documents*, n° CXVIII.

(2) *Documents*, n° CXX.

était destiné à rejeter les eaux qui ravinaient ce passage dans une grotte naturelle, dont l'ouverture domine le village de Saint-Christophe; l'entrée de cette grotte, sur le défilé, vers le point où le mur la rejoint, a été évidemment élargie et régularisée à la pointe et au ciseau à l'époque romaine; elle porte même, au-dessous, des mortaises où s'engageaient des pièces de bois, dont on ne s'explique pas bien l'usage.

Nous verrons plus loin que ce mur fut reconstruit d'après les ordres de Madame Royale Christine de France, mère de Charles-Emmanuel II, et quelques années après on rétablit le plancher en bois de chêne, qui était supporté par les poutres qui s'engageaient dans les mortaises dont nous venons de parler.

On a reconnu encore, à diverses époques, d'autres traces de travaux de l'époque romaine : entre autres une portion de mur de soutènement découverte quand on éleva les murailles gigantesques qui soutiennent la route de Charles-Emmanuel II. « On a découvert entièrement, dit B...and, dans sa lettre du 12 novembre 1667, au duc de Savoie (1), une muraille de six pieds d'épaisseur, faite à chaux et à sable, qui fait croire que le chemin a déjà été autrefois par là. » Il existe encore actuellement une partie bien reconnaissable de ce mur romain au-dessous du sentier qui se dirige vers l'église de Saint-Christophe. Le *Theatrum Sabaudiæ*, écrit peu de temps après la construction de la route de Charles-

---

(1) *Pièces justificatives*, n° LXVI.

Emmanuel II, et illustré par Borgonio, auteur du monument à ce souverain, reconnaît comme remontant à l'époque romaine les restes qui existaient à cent pas de la route récemment construite.

On doit aussi attribuer à l'époque romaine un travail dont la découverte est toute récente : c'est l'entrée d'une grotte située vers le commencement de la route de Charles-Emmanuel II, percée dans la paroi verticale du roc, à une vingtaine de mètres au-dessus du sol. Cette entrée a été élargie et régularisée au ciseau et à la pointe; on n'a pas encore pu, jusqu'ici, se rendre compte du but de ce travail.

Il a été trouvé de nombreux objets de l'époque romaine aux Echelles et dans les environs; nous citerons une lampe recueillie par M. J. Perrin, il y a une cinquantaine d'années, dans le cimetière de Saint-Christophe, et donnée au musée de Chambéry. Aux Echelles même on a récemment découvert, au bas des portiques, des tombes et des vestiges romains, des vases à anses de verre, des débris de conduite d'eau, des briques et des fragments de fer et de bronze. Des briques romaines, en grand nombre, ont été recueillies sur le parcours d'un canal destiné à amener les eaux potables de Saint-Pierre de Genebroz aux Echelles.

Enfin la charte d'Humbert-aux-Blanches-Mains, citée par Guichenon, et une autre charte du même prince recueillie par Léon Ménabréa dans le cartulaire de Saint-Hugues, constatent que le lieu appelé au moyen-âge *ad Scalas* s'appelait anciennement *Lavaserone* ou *Lavascrone*. Le comte de Vignet, dans une étude insérée (tome XI, page 353) dans les *Mémoires de l'Académie de Savoie*, fait judicieusement observer que ce nom coïncide, à une lettre près, avec le *Laviscone* de la table de Peutinger. Il ne peut donc guère y avoir d'objections à faire à l'identification des Echelles avec le *Labisco* de l'époque romaine.

Ceci admis, on ne peut à moins d'en conclure que la voie romaine qui passait par les Echelles était une des plus fréquentées parmi celles qui réunissaient l'Italie et les Gaules, la voie portant *Labiscone* dans la table de Peutinger étant la principale de celles qui traversaient la Savoie. La fertilité de la plaine des Echelles, sa situation au croisement de plusieurs vallées qui mettaient cette localité en communication avec différents points que les Romains avaient sûrement occupés et colonisés, devaient nécessairement en faire une station importante, et nous avons la conviction que les recherches et les découvertes qui auront lieu ne feront que confirmer cette opinion.

II.

État du bourg des Echelles et de ses communications avec Chambéry pendant le moyen-âge et jusqu'à la construction de la route de Charles-Emmanuel II.

Il y a une chose certaine et admise par tous les écrivains qui se sont occupés de ces questions, c'est que les routes du moyen-âge ne furent autres, en général, que les voies romaines que l'on continua à suivre, sans les améliorer, et souvent même sans les entretenir en bon état. Celle des Echelles ne fut donc jamais abandonnée, et ce ne fut que peu à peu que la route qui traversait le col d'Aiguebelette devint plus fréquentée que celle des Echelles, probablement parce qu'elle était la plus courte entre le Pont-de-Beauvoisin ou Saint-Genix-d'Aoste et Chambéry, et peut-être aussi parce qu'elle était plus facile à maintenir en bon état. C'était, du reste, comme celle des Echelles, en partie une voie romaine dont il existe encore des traces sur le revers oriental du mont de l'Epine.

Mais le bourg des Echelles conserva pendant tout le

moyen-âge une importance qu'aucune autre localité, située entre *Lemincum* et *Augustum*, ne put avoir. Ce bourg portait alors le nom de *ad Scalas*, comme il résulte de la donation de Béatrix de Savoie, du 8 novembre 1266 (¹). Delexius, dans sa *Chorographia insignium locorum* (²), dit ce qui suit : « Les Echelles (*ad Scalas*), bourg ainsi appelé des escaliers en forme de degrés, par lesquels on traverse un étroit défilé. Là se trouve le tombeau des cinq filles de Béatrix de Savoie et de Raymond, comte de Narbonne, qui furent unies à autant de rois, dans la chapelle de l'ordre de Jérusalem, élevée par Béatrix (³), fille du comte Thomas, femme de Bérenger, comte de Provence, comme le montre l'inscription conservée aux Echelles avec la date de 1263 (⁴). »

---

(1) *Pièces justificatices*, n° I.

(2) *Documents divers*, n° CXIII.

(3) Delexius l'appelle Bonne, mais ce qu'il dit se réfère évidemment à Béatrix.

(4) Jacques Delex (Delexius), né à la Rochette, jurisconsulte, fit imprimer sa « *Chorographia* des lieux remarquables qui dépendent de la domination des ducs de Savoie, tant en deçà qu'au delà des Alpes, » à Chambéry, chez François Pomard, en 1571, sous le règne d'Emmanuel-Philibert, cent ans avant la construction de la route des Echelles. Quoique cet auteur soit peu digne de foi, quand il raconte les fables et les faits invraisemblables dont son livre est émaillé, on peut cependant s'en rapporter à lui pour ce qui concerne les faits matériels et contemporains à sa connaissance, surtout quand il s'agit d'une localité si près de lui. Si on avait fait usage, au passage de la Grotte, d'échelles en bois, il n'eût pas manqué de le dire, tant il était ami de l'étrange et du merveilleux.

Cette Béatrix, fille du comte Thomas de Savoie et de Marguerite de Faucigny, femme de Raymond-Bérenger IV, comte de Provence, célèbre par sa beauté non moins que par la splendeur de sa cour, protégea les trouvères et fut poète elle-même. Plusieurs dames de son entourage sont restées célèbres dans les fastes des lettres provençales et illustrèrent les cours d'amours où tout était élégance et galanterie. A la mort de son époux, elle eut des contestations avec Charles d'Anjou, successeur de Raymond-Bérenger IV, dont il avait épousé la fille. Il lui refusait le titre de comtesse de Provence et il l'obligea à quitter ce pays. C'est alors qu'elle se retira aux Echelles, dans ses terres de Savoie, et y fonda un hôpital et une chapelle dépendants de la commanderie de Saint-Jean de Jérusalem, avec inhibition de ne les aliéner à aucun autre qu'aux comtes de Savoie (1). En 1263 (*Sigilli dei principi di Savoia*) elle renonça à ses droits sur le comté de Savoie en faveur de son frère Philippe. Elle mourut aux Echelles en 1268, et y fut ensevelie dans un magnifique mausolée, dont Guichenon nous a conservé le dessin, et qui fut détruit vers 1600, par Lesdiguières.

Ce qui prouve l'importance qu'avait alors le bourg des Echelles, c'est que les desservants de la chapelle fondée par Béatrix étaient au nombre de dix-huit, treize prêtres, deux diacres et trois clercs, qui devaient,

---

(1) *Pièces justificatives*, n° I.

autant que possible, appartenir à l'ordre de Saint-Jean de Jérusalem, avec tout le personnel nécessaire au service de la chapelle et de l'hôpital. Parmi les témoins qui figurèrent à l'acte de donation de Béatrix, se trouvent l'archevêque de Vienne, ceux d'Embrun et de Lyon, cinq membres de l'ordre de Saint-Jean de Jérusalem et plusieurs autres personnes, ce qui indique la valeur qu'avait cet acte. Il fut signé par le seigneur Ferand de Baralio, commandeur de l'ordre, qui promet dans l'acte de donation d'en faire ratifier l'acceptation par le grand-maître (¹) et les autorités de l'ordre, qui résident au delà des mers.

Le bourg des Echelles vit depuis lors décroître son importance, puisque, au commencement du XVIIIe siècle, S. S. le pape Benoît XIII, par son bref du 22 janvier 1729, décréta la réduction des prêtres prébendés de la commanderie des Echelles à quatre au lieu de dix-huit que portait l'acte de fondation de la princesse Béatrix.

Nous nous sommes arrêtés sur cette donation, parce qu'elle prouve qu'au XIIIe siècle le bourg des Echelles avait une extension beaucoup plus considérable qu'aujourd'hui; l'existence d'une commanderie de Saint-Jean de Jérusalem, d'un hôpital important, d'une chapelle où furent ensevelies plusieurs princesses de la Maison de Savoie, d'un château fortifié, tout nous mon-

---

(1) C'était alors Hugues de Revel, l'avant-dernier des grands-maîtres de l'ordre, qui résidèrent en Terre-Sainte.

tre qu'à cette époque les Echelles étaient un des fiefs les plus notables du comté de Savoie. Il devait donc y avoir des communications fréquentes avec Chambéry qui était alors la résidence des comtes. D'autant plus qu'à cette époque de guerres continuelles, le château et le bourg des Echelles, situés sur la frontière du Dauphiné, étaient exposés à de fréquentes attaques. Ils furent plusieurs fois ravagés et en partie détruits. Nous avons une indication de cet état de choses dans l'habitude qu'on avait de transporter à Chambéry les reliquaires et les riches ornements de la chapelle des Echelles, pour les soustraire aux dangers qui étaient à craindre. Des inventaires relatifs à ces transports nous ont conservé le détail des objets qui étaient gardés à Chambéry et rapportés aux Echelles, à l'époque des grandes fêtes, sous l'escorte des religieux des Echelles ou de ceux du couvent de Saint-Dominique, à Chambéry. Les plus importants de ces inventaires remontent aux années 1496, 1575, 1588, 1592, 1606 et 1618.

Ces communications ne pouvaient se faire que par la vallée de Couz, car il est peu probable qu'on allât faire un grand détour par la Bauche et le col d'Aiguebelette. La voie romaine, qui traversait le défilé des Echelles, devait encore être suffisamment en bon état, et c'est évidemment à ce passage que fait allusion Delexius, quand il attribue l'origine du nom de *ad Scalas* aux escaliers en forme de degrés, par lesquelles on traverse un étroit défilé : « *A scalis quando ilhac transmeatur per loci angustias, quæ graduum instar se habent* (¹). » Ces larges gradins existaient encore en 1649, quand Madame Royale fit remettre en bon état le mur romain qui rejetait les eaux dans la caverne connue alors sous le nom de « Grand Goulet, » et qu'en même temps elle fit faire quelques réparations à la route, que ce mur protégeait contre les inondations. Cette route était assez large pour donner passage aux mulets de bât chargés, et même pour leur permettre de se contre-passer. Dans le contrat passé par la Chambre des Comptes avec Jean Della Mina et consorts, soldats mineurs du préside de Montmélian (²), pour l'exécution de ces derniers travaux, il est expliqué que le chemin devait avoir une largeur d'au moins huit pieds, et il y est plusieurs fois fait mention du « Grand Escallier » qui existait au débouché du défilé dans la plaine des Echelles.

Il est de nouveau fait mention de ces gradins à l'époque où fut entreprise la construction de la route de Charles-Emmanuel II, car nous lisons dans une lettre de Balland au Duc, du 25 octobre 1668 (³) : « Les débris qui sont déjà tombés ont rempli divers mauvais pas, et couvert en partie un grand degré de sept à huit pouces de hauteur, chaque pas est de courte foulée... » On se servait encore alors de ce passage pour le transport des marchandises à dos de mulet.

La voie romaine ne s'était donc pas bien détériorée

---

(1) *Pièces justificatives*, n° CXIII.
(2) *Pièces justificatives*, n° C.
(3) *Pièces justificatives*, n° LXX.

pendant le moyen-âge, et il nous semble qu'il est plus naturel de chercher là qu'ailleurs le *Scabilio de Cou* dont parlent les relations des visites pastorales faites à la fin du XIVe siècle par les évêques de Grenoble à la commanderie des Echelles, suivant la charge qu'ils en avaient reçue dans la donation de la comtesse Béatrix (¹).

M. A. Perrin, dans la lecture qu'il a faite au Club-Alpin, suivant en cela l'opinion de M. Ant. Macé, attribue le *Scabilio* à un passage dont une partie est taillée en gradins, et qui, partant d'un point proche du pont Saint-Martin, s'élève par des lacets sur les rochers qui dominent le Guiers et va rejoindre la route de Saint-Jean-de-Couz en passant par la chapelle de Saint-Blaise, citée dans les visites pastorales de l'évêque de Grenoble. Mais il paraît peu probable que ce passage ait été plus fréquenté que celui qui suivait l'ancienne voie romaine; si, au milieu du XVIIe siècle, le commerce se servait habituellement de ce dernier, pour quel motif aurait-on adopté, à une époque antérieure, où la voie romaine était en meilleur état, le passage qui domine le Guiers, qui devait être plus difficile. Ce sentier ne traverse d'ailleurs pas un étroit défilé, *locis angustias,* comme le dit Delexius dans le passage que nous avons cité plus haut, et il eût difficilement permis à des mulets de bât chargés de se contre-passer. Ce qu'on peut admettre, c'est que

---

(1) *Pièces justificatives*, n° II.

ce sentier, s'il existait au moyen-âge, servait à mettre en communication le bourg des Echelles et le village de Saint-Christophe avec les terres cultivées, les prairies et les bois de Gerbaix, et à remonter la rive droite du Guiers dans la direction de Corbel.

Que le parcours de l'ancienne voie romaine ait été constamment fréquenté par le commerce et les voyageurs, les lettres de Balland nous en fournissent d'autres preuves; nous citerons, notamment, celles du 22 octobre, du 12 novembre et du 4 décembre 1667, celles du 28 juillet et du 25 octobre 1668 ([1]); nous y voyons Balland se préoccuper incessamment de laisser le passage libre pendant le temps où on construisait la nouvelle route; il était fort fréquenté, surtout par les voituriers de Provence et du Dauphiné, qui s'en servaient pour le transport des denrées et des produits industriels de ces provinces.

En juillet 1668, il fut même obligé de laisser, dans le grand mur de soutènement, une brèche par laquelle le passage sur l'ancien chemin pouvait avoir lieu. Ce passage n'était cependant pas bien commode, puisqu'il fallait décharger les mulets à la montée et à la descente, et faire transporter une partie de la charge à dos d'homme « par de pauvres paysans, à nu-pieds, durant plus de cinq cents pas de longueur, à travers d'un rocher tout pointu et mal uni. »

Si le passage de l'Echaillon eût été facilement pra-

---

(1) *Pièces justificatives*, n°s LXV, LXVI, LXVII, LXVIII et LXX.

ticable aux bêtes de somme, comment n'eût-on pas abandonné, surtout pendant la construction de la nouvelle route, le « Grand Escallier » que Balland se donnait tant de peine de laisser toujours accessible?

Ce que nous venons de citer de la lettre de Balland du 4 décembre 1667, nous donne probablement la clef de la tradition légendaire qui a encore aujourd'hui cours dans le pays et qui a été propagée par de nombreux écrivains [1]. D'après cette légende, les mulets chargés arrivaient jusqu'à un pré qui se trouve au pied des rochers qui dominent le village de Saint-Christophe; c'était là une espèce de gare des marchandises; on les déchargeait, et des paysans, portant les ballots sur leur dos, gravissaient des échelles appliquées sur les parois verticales du rocher, jusqu'à l'ouverture de la caverne qui se trouve à gauche de l'entrée du défilé; ils parcouraient cette caverne, en partie également, au moyen d'échelles, et à son débouché ils déposaient les ballots de marchandises, lesquels étaient rechargés sur des mulets qui continuaient leur route.

Cette tradition était tellement vivace qu'il y a peu d'années encore un journal (*l'Illustration* du 14 juillet 1860) publiait une vue de ce passage à échelles où l'on voit des paysans et des paysannes chargés monter et descendre. Il est vrai que ce journal s'est servi pour

---

[1] *Documents*, n°° CXV, CXVI, CXVII, CXVIII et CXIX.

cela du cliché d'une vue d'un passage de la Gemmi, qu'il a baptisé passage des Echelles.

Il n'y a, évidemment, de vrai dans cette légende que le souvenir des mulets qu'on déchargeait — à moitié seulement — et dont la charge était portée à dos d'homme, pendant quelques centaines de pas, à travers des rochers pointus et mal unis, restes probablement de la voie romaine mal entretenue, dégradée par les intempéries et ravinée par les eaux. Mais, comme toutes les légendes, elle a fait son chemin, et nous n'espérons pas enlever aux habitants de Saint-Christophe la conviction que leurs ancêtres, il y a quelques centaines d'années, grimpaient par des échelles le long des rochers, chargés de ballots de marchandises.

Si ce moyen étrange de voyager et de transporter les marchandises eût jamais existé, n'en fût-il resté aucune trace dans les écrits et les documents de l'époque? Balland n'y eût-il jamais fait allusion dans ses lettres au Duc, au moment de la construction de la route? Il parle de la Caverne, dans sa lettre du 3 novembre 1668, mais ne dit mot de la tradition locale des échelles. Ce n'est que cent vingt ans après l'ouverture de la route de Charles-Emmanuel II que la légende commence à apparaître. Nous en trouvons la première trace dans un manuscrit anonyme, qui nous a été communiqué par M. Molin, dans la famille duquel il est depuis fort longtemps, et qui l'attribue à Pison du Galland, avocat ou conseiller au Parlement de Grenoble, lequel fut membre de la Constituante et auteur d'un projet de Constitution. Ce manuscrit contient la relation d'un voyage que Pison du Galland fit, en 1787, avec M. Binelli, directeur des mines d'Allemont, M. Villars, célèbre botaniste de Grenoble, M. Prié et M. Aubert. Ces touristes, partis de Grenoble, passèrent par Voiron, Saint-Genix-d'Aoste, visitèrent la cascade du Glandieu, revinrent aux Echelles, et de là allèrent à Chambéry. Ils continuèrent leur voyage, à petites journées, par la Maurienne, traversèrent le Mont-Cenis, s'arrêtèrent quelques jours au couvent qui se trouve sur le plateau, descendirent à la Novalaise et revinrent ensuite sur leurs pas à Grenoble. La relation très détaillée de ce voyage, véritable excursion de touriste, est fort intéressante et mériterait d'être publiée. Voici ce que dit son auteur du chemin des Echelles avant la construction de la route de Charles-Emmanuel II :

« *Natura obtrusam* ([1]), dit-il en parlant d'un passage de l'inscription qui figure sur le monument élevé à l'entrée du défilé, ne dit rien de trop. Avant l'ouverture de la Crotte ([2]), il n'y avait d'autre passage, pour traverser la montagne dans cette partie, qu'un trou caverneux, dont on voit encore l'entrée fort élevée dans le roc à gauche de celle de la Crotte. On ne pouvait arriver à ce trou que par le moyen de longues échelles, d'où est venu le nom donné au bourg ou village voisin. Une fois entré dans ce trou, avec les

---

(1) L'inscription porte : *a natura occlusam*.
(2) On appelait alors « Crotte » le défilé étroit et sinueux que parcourt la route à partir du sommet de la rampe de Charles-Emmanuel II.

marchandises qu'il était possible d'y voiturer d'une manière si incommode, on marchait et on continuait le transport dans toute la durée de l'obscure caverne qui venait à la suite, et qui allait aboutir à un point très sombreux de l'épaisseur de la roche, auquel point on recommençait à trouver le jour et des sentiers pénibles pour pénétrer plus avant dans les défilés absolument indispensables à parcourir pour se tirer de l'épaisse masse de ces montagnes et de ces rochers. »

En 1807, M. Verneilh, dans sa statistique du département du Mont-Blanc, parle aussi en ces termes de l'ancien passage des Echelles [1] :

« En venant des Echelles à Chambéry on voit, au bas de la belle rampe de Charles-Emmanuel, une caverne surmontée d'un immense échafaudage de rochers. A gauche du même passage, dans le flanc extérieur de la montagne, on aperçoit, à une grande élévation au-dessus de la vallée, l'ouverture d'une autre grande caverne ; c'est par là que débouchait l'ancien chemin ou sentier qui traversait la montagne, et à l'issue duquel on avait fixé de longues échelles pour monter ou pour descendre avant que le passage actuel fût ouvert. »

En 1828, Davide Bertolotti, dans son *Voyage en Savoie* [2], cite cette même tradition, mais en émettant quelques doutes sur sa probabilité.

---

[1] *Documents*, n° CXVI.
[2] *Documents*, n° CXVII.

En 1837, Stendhal, dans ses *Mémoires d'un touriste* (¹), décrit aussi l'ancien passage à l'aide d'échelles de deux cents pieds (!) de hauteur, et la même année, T. Chapperon, dans son *Guide de l'étranger à Chambéry et dans ses environs* (²), admet également sans discussion la montée dans la caverne au moyen d'échelles, mais elles n'ont plus que cent pieds de hauteur. Le même écrivain, dans son *Chambéry à la fin du XIVe siècle*, publié en 1863 (note de la page 5), répète la même erreur; alors les échelles n'ont plus qu'une hauteur « assez considérable. »

Mais ces échelles, dont la hauteur va toujours en diminuant, sont sur le point de disparaître complètement; le premier écrivain qui commença à battre en brèche la légende des « échelles » fut M. Antonin Macé. Seulement nous croyons qu'il est dans l'erreur quand il dit que pendant le moyen-âge on n'avait d'autre communication entre la vallée des Echelles et celle de Couz « qu'un étroit sentier qui part du village de la Grotte, s'élève par de nombreux contours, et en dominant à une hauteur effrayante le Guiers-Vif, jusqu'à un plateau rocailleux, d'où, par les hameaux des Gerbets et de Saint-Blaise, on vient rejoindre la grande route actuelle à 150 ou 200 mètres au delà de la galerie Napoléonienne, en avant de Saint-Jean-de-Couz. Ce passage difficile, ajoute-t-il, dangereux sur plusieurs points, fréquenté cependant

---

(1) *Documents*, n° CXIX.
(2) *Documents*, n° CXVIII.

par les gens du pays, s'appelle *l'Echaillon*, c'est très vraisemblablement de là que vient le nom des *Echelles* conservé par les deux villages, l'un Dauphinois, l'autre Savoisien, auquel il aboutit, plutôt que d'échelles appliquées contre les parois des rochers, comme le répètent encore les guides du pays. »

M. A. Perrin est aussi du même avis que M. Ant. Macé. Tous deux admettent qu'au moyen-âge, la voie romaine ayant été entièrement abandonnée, on passait par le sentier appelé maintenant encore *l'Echaillon* (¹). Nous avons donné plus haut les raisons qui nous empêchaient de partager cette opinion. Les documents que nous avons cité et spécialement les extraits des lettres de Balland au duc de Savoie, prouvant que la voie romaine — ou ce qui en restait — était fréquentée par les voyageurs et le commerce avant la construction de la route de Charles-Emmanuel II, pourquoi chercher ailleurs que là le *Scabilio* cité dans les visites pastorales de l'évêque de Grenoble. En quelque mauvais état qu'elle fût, faute d'entretien, n'était-elle pas préférable à ce passage difficile, dangereux sur plusieurs points, dominant à une hauteur effrayante

---

(1) On rencontre fréquemment en Savoie cette dénomination de *l'Echaillon* ou *Lesseillon*. Elle désigne en général un sentier rapide à larges gradins taillés dans le roc.

La dénomination d' « échelles » se rencontre encore parfois en Savoie et dans les Alpes pour les passages de ce genre : ainsi, avant la construction de la route napoléonienne du Mont-Cenis, on appelait « Les Echelles » la descente rapide sur le village de la Novalaise ; le même nom est encore donné au chemin qui parcourt la Vallée Etroite près du mont Thabor, non loin de Modane.

le Guiers-Vif, comme M. Ant. Macé décrit si bien *l'Echaillon*. Les évêques de Grenoble, dans leurs visites pastorales à la commanderie des Echelles, auraient-ils passé, eux et leur suite, à cheval, par ce sentier difficile et dangereux, tandis qu'à deux pas ils avaient une voie journellement fréquentée par le commerce, où les mulets passaient aisément quand ils étaient allégés de la moitié de leur charge, par ce « Grand Escallier » cité en 1649, dans les contrats passés par la Chambre des Comptes de Chambéry ?

En conclusion, nous devons donc admettre que, pendant le moyen-âge et jusqu'à la construction de la route de Charles-Emmanuel II, la route commerciale entre les Echelles et Chambéry, le *Scabilio* des visites pastorales des évêques de Grenoble, était l'ancienne voie romaine, plus ou moins détériorée par les intempéries et le manque d'entretien, et que le sentier qui porte encore aujourd'hui le nom de l'Echaillon ne servait que de communication toute locale avec le plateau de Gerbaix et de Saint-Blaise. Quant aux gigantesques échelles de cent ou deux cents pieds de hauteur, il faut les reléguer parmi les légendes fantastiques qui prennent naissance on ne sait comment, se propagent et plaisent aux touristes fantaisistes qui s'empressent d'en prendre note sans les vérifier. Ce que nous en avons dit intéressera, comme le dit un écrivain, « quiconque aime à savoir comment les légendes se forment, comment elles se propagent, comment elles s'imposent à l'humaine badauderie, pour qui le merveilleux a d'autant plus de charme qu'il a moins de vraisemblance. »

III.

Construction de la route de Charles-Emmanuel II. 1re période : Etudes préliminaires ; — le maître auditeur Deschamps.

Le siècle qui précéda le règne de Charles-Emmanuel II, 14e et dernier duc de Savoie, fut rempli par des guerres continuelles et de fréquentes épidémies qui désolèrent la Savoie. Un des plus grands princes de cette illustre maison, Emmanuel-Philibert fut même pendant un certain temps à peu près privé de ses Etats, et mit au service de Charles-Quint son épée et sa valeur. Sous les princes qui lui succédèrent, Charles-Emmanuel I, Victor-Amédée I, et pendant la minorité de Charles-Emmanuel II, la guerre régna presque constamment dans les Etats de la Maison de Savoie, tant en deçà qu'au delà des Alpes. On ne peut donc s'étonner si, au commencement du XVIIe siècle, les routes qui traversaient la Savoie étaient infestées par les malandrins et peu sûres.

Dans une lettre du sieur d'Albigny (¹) à Charles-Emmanuel I, du 18 février 1606 (²), il raconte qu'un certain Michal, qui était au service du duc, fut attaqué chez lui, auprès des Echelles, par des voleurs qui tenaient le chemin des montagnes, jusqu'à Lyon, tellement serré qu'on n'y pouvait passer sans tomber entre leurs mains. Michal les repoussa, alla les attaquer dans une retraite qu'ils avaient près d'Aiguebelette, en tua un, en blessa un autre qui mourut en prison; quelques autres de la même bande furent pris et exécutés à Grenoble.

Ce fut surtout pendant le règne de Henri IV, alors que Lesdiguières commandait pour le roi en Dauphiné, que les environs des Echelles furent ravagés par la guerre et par le brigandage qui en était la suite inévitable. Nous avons vu, précédemment, que ce fut Lesdiguières qui, s'étant emparé du château des Echelles,

---

(1) Charles de Simiane d'Albigny, seigneur de Gordes, dauphinois, qui, de chef de la Ligue qu'il était en 1588, se donna ensuite au duc de Savoie. Il fut lieutenant-général du duc et gouverneur de la Savoie de 1601 à 1608. En 1607, il avait épousé Mathilde de Savoie, fille légitimée d'Emmanuel-Philibert. A la même époque, il entra dans une conspiration, d'accord avec l'Espagne, pour empêcher le duc Charles-Emmanuel I de se rallier à Henri IV. Appelé à Turin par le duc, il s'y rendit malgré les avis répétés qui lui furent donnés avant et pendant son voyage, qu'il y courait de grands dangers. En effet, le lendemain de son arrivée, il fut conduit à Montcalier où, huit jours plus tard, le 17 janvier 1608, après un jugement secret, il eut la tête tranchée.

(2) *Pièces justificatives*, n° III.

le détruisit ainsi que la chapelle qui en dépendait et le magnifique mausolée de Béatrix de Savoie (¹).

Malgré cet état de choses, les princes de la Maison de Savoie, et les gouverneurs eux-mêmes qui représentaient le roi de France pendant les années où la Savoie fut occupée par les armées françaises, se préoccupèrent constamment de rétablir et d'améliorer les communications entre la France et l'Italie, et surtout la route qui, partant du Pont-de-Beauvoisin, aboutissait à Suse en passant par Chambéry, la Maurienne et le Mont-Cenis. Dans une lettre de Balland, maître auditeur à la Chambre des Comptes de Savoie et directeur des travaux de la route de Charles-Emmanuel II, écrite le 13 juin 1670, quand la nouvelle route était déjà ouverte et fréquentée par les charrettes et les voitures, on lit (²) :

« Enfin, Monseigneur, c'est le projet de près d'un siècle que V. A. R. a fait exécuter dans deux ans contre le sentiment de bien du monde.

---

(1) Le château des Echelles s'élevait sur la colline au nord, où on trouve encore, sur bien des points, des substructions. Il y a quelques années, des travaux de mise en culture amenèrent le propriétaire à remanier le sol et à démolir quelques murs et ce qui restait de la chapelle. Devant la porte existaient deux tombes renfermant l'une sept cadavres, l'autre trois; sur la première, une dalle portait quatre croissants en relief. Au centre de la chapelle existait encore, intacte, la tombe de Béatrix de Savoie, moins la couverture : elle avait 2 m. de longueur, 1 m. 50 de hauteur, 0 m. 60 de largeur à la tête et 0 m. 50 aux pieds. Elle était en matériaux, soigneusement taillés et assemblés. (Note communiquée par M. A. Perrin).

(2) *Pièces justificatives*, n° LXXXII.

« Feu M. d'Albigny l'avait entrepris, étant gouverneur pour le roi (1) en ce pays; feu M. Don Félix (2), aussi gouverneur pour V. A. R., en avait fait prendre des dessins ; feu M. le maître Faure y avait fait travailler par commandement de Madame Royale de glorieuse mémoire ; M. le maître Bizet en a dressé des verbaux ; il a fallu qu'ils aient tous attendu que V. A. R. l'aie commandé. »

Ce résumé des préliminaires qui précédèrent la construction de la route de Charles-Emmanuel II indiquent l'importance qui y était attribuée depuis longtemps. Ce ne fut, cependant, que sous la régence de Madame Royale (Christine de France, fille de Henri IV et mère de Charles-Emmanuel II) qu'on commença à s'en occuper sérieusement. Elle fit faire, en 1649, des travaux assez considérables de réparation au mur de dérivation des eaux dont nous avons parlé précédemment. et aux canaux qui les recueillaient à divers points du défilé qu'elle fit élargir et régulariser. En même temps elle ordonnait à la Chambre des Comptes de Savoie de prendre les mesures nécessaires pour mettre en état la route entre le Pont-de-Beauvoisin et Chambéry par Chailles et les Echelles. La Chambre des Comptes fit faire une visite de ces localités à la suite de laquelle nous voyons, dans le rapport envoyé à

---

(1) Balland commet ici une erreur : d'Albigny fut gouverneur de la Savoie pour le duc et non pas pour le roi de France.

(2) Frère naturel du duc Victor-Amédée I.

Madame Royale, le 27 février 1654 (¹), que trois compagnies d'entrepreneurs se présentèrent pour exécuter les travaux qui devaient rendre cette route praticable aux charrettes et aux voitures, sauf qu'à la montée du passage de la grotte on devait ou redoubler les attelages, ou alléger de moitié la charge qui serait transportée à dos d'homme au sommet de la montée.

Il ne fut pas alors donné suite aux projets dont Madame Royale avait ordonné l'exécution. On ne lui doit donc que les travaux d'amélioration dont nous venons de parler, et le rétablissement complet du mur de dérivation des eaux qui longe le côté droit de la route sur une longueur de plus de trois cents mètres, et rejette dans la caverne, qui domine le village de Saint-Christophe-la-Grotte, les eaux qui sortent parfois en grande abondance d'une autre caverne située à deux cent cinquante mètres de l'entrée nord du défilé. Il est très probable, comme nous l'avons vu, qu'un mur de ce genre avait été construit par les Romains pour protéger la route, et Madame Royale n'a fait que remettre ce mur, négligé pendant le moyen-âge, en bon état. M. Antonin Macé (²) en attribue, en effet, la construction aux Romains; il est, cependant, difficile de juger actuellement s'il reste des parties considérables de la construction romaine, dans ce qui est visible maintenant; ni le mode d'appareil des matériaux, ni la

---

(1) *Pièces justificatives*, n° V.
(2) *Documents*, n° CXX.

nature des ciments ne donnent, à cet égard, d'indications suffisantes.

Ce qu'il y a de sûr, c'est qu'on doit à Madame Royale ce mur dans l'état où il est actuellement. Voici ce que Balland écrivait au duc de Savoie, le 25 octobre 1668 (¹) :

« Feu Madame Royale, de glorieuse mémoire, y fit faire une muraille qui conduit ce torrent dans un antre du rocher, hors du chemin ; on n'a osé y toucher, de crainte de tout gâter, outre qu'il aurait été plus difficile d'escarper le rocher que de faire ces murailles. »

Malgré que tous en reconnussent l'utilité, aucun travail ne fut donc entrepris ; les fonds manquaient probablement, la guerre contre les Vaudois absorbant en ce moment les ressources dont pouvait disposer le duc et occupant toute son attention. La guerre Vaudoise se termina le 31 juillet 1655 par l'amnistie de Pignerol, et dès lors le duc, pour lequel la question de la route commerciale de France en Piémont avait la plus grande importance, s'en occupa de nouveau. Le 20 décembre 1655, il publia un édit (²) pour ordonner la réparation et l'entretien des chemins qui vont de France en Italie, rendant en outre responsables les communautés, villes et villages traversés par ces chemins, des vols qui y seraient commis, et les obligeant à fournir à un prix fixé et modique une escorte aux

---

(1) *Pièces justificatives*, n° LXX.
(2) *Pièces justificatives*, n° VI.

passants qui le demanderaient. Cette édit avait principalement pour but de rétablir le mouvement commercial, qui s'en était écarté, par la route de Suse. La douane de Suse avait été une des principales sources de revenus des ducs de Savoie, et il était d'une grande importance de ramener le trafic dans cette direction pour augmenter les ressources financières (1).

Il ne paraît pas que malgré les pénalités portées dans l'édit de Charles-Emmanuel II, que nous venons de citer, les réparations et les travaux d'entretien aux routes aient été exécutés avec beaucoup de zèle, car en 1658, sur la remontrance du procureur patrimonial du duc, le sieur Divoley, la Chambre des Comptes de Savoie donna commission à M° Crettet, curial du Pont-de-Beauvoisin, de mettre à l'entreprise la réfection du pavé aux endroits de la route du Pont-de-Beauvoisin à Chambéry par le col d'Aiguebelette, désignés dans le rapport que ledit M° Crettet avait fait à la Chambre sur la commission qui lui en avait été donnée. La délibération de la Chambre du 21 août 1658 (2) rappelait les peines indiquées dans l'édit du 20 décembre 1655, contre les aboutissants au chemin qui n'y feraient pas les réparations et les dépenses d'entretien nécessaires. Elle fut publiée dans les paroisses du Pont-de-Beau-

---

(1) *Pièces justificatives*, n° XCIX. La note qui indique les revenus de la douane de Suse pendant les années 1673, 1674 et 1675, nous montre que les espérances conçues par l'établissement de la route charretière de France en Italie tardaient à se réaliser, quoique cette route fut ouverte déjà depuis quelques années.

(2) *Pièces justificatives*, n° VII.

voisin, de la Bridoire, d'Aiguebelette et de Saint-Sulpice, que le chemin traversait, et affichée aux lieux accoutumés.

On paraissait donc avoir renoncé, pour le moment, à la route par Chailles et les Echelles, dont on se préoccupait tant, comme nous l'avons vu en 1654. On continuait à passer par le col d'Aiguebelette, soit pour le transport, à dos de mulet, des marchandises et des voyageurs, soit pour la poste; le passage des Echelles ne servait qu'aux communications avec le midi de la France. En 1661, le marquis de Villeroy (1) ayant sollicité auprès du duc le privilège de l'établissement d'un service hebdomadaire de messageries entre Lyon et Milan, en traversant ses Etats, Charles-Emmanuel II, par son édit du 21 août 1661, le lui accorda pour le terme de dix ans. Le concessionnaire ne se hâta pas beaucoup à mettre ces messageries en activité, puisque nous voyons que ce ne fut que le 21 septembre 1663 (2) que le Sénat de Savoie approuva la nomination d'un commis tenant le bureau de Chambéry pour le compte du directeur des messageries concédées, et le détail des conditions, — ou, comme nous dirions aujourd'hui, le cahier des charges, — aux-

---

(1) Nicolas de Neufville, marquis, puis duc de Villeroi, était gouverneur du Lyonnais; il devint chef du conseil des finances en 1661, puis duc et pair en 1663. Dans l'affaire de la messagerie, il était probablement, moyennant une participation aux bénéfices, le prête-nom d'une association de financiers. C'était souvent la coutume chez les grands seigneurs de cette époque.

(2) *Pièces justificatices*, n° IX.

quelles ce service était soumis. Malgré cela, il ne paraît pas que jamais ce service de messageries ait été réalisé, car huit ans plus tard, le 7 août 1671, le président du Sénat de Savoie, M. de la Pérouse, écrivant au ministre du duc, et se plaignant du mauvais état où on laissait certaines parties du chemin des Echelles, récemment ouvert à la circulation, disait que : « à moins que cela ne soit fait, nous passerons pour ridicules, comme nous avons fait en notre messagerie qui a fini le jour qu'elle commença. »

Ce ne fut qu'au commencement de 1667 que le duc Charles-Emmanuel II et le marquis de Saint-Thomas, son ministre, purent apporter à cette affaire une sérieuse attention. La Chambre des Comptes de Savoie chargea le maître auditeur Deschamps de s'en occuper. Il avait déjà, en 1654, avant même de faire partie de la Chambre, fait des propositions pour la mise en état de la route charretière du Pont-de-Beauvoisin à Saint-Jean-de-Maurienne, et, dans sa lettre du 16 février 1667 au duc, il cite les délibérations de la Chambre des Comptes de 1654, où celle-ci avait donné un avis favorable à l'exécution des travaux qu'il proposait. Il rappelle qu'alors il avait accompagné sur les lieux le maître auditeur Bizet, auquel il était probable que la Chambre confierait maintenant la même mission.

L'état de santé du maître Bizet ne lui ayant pas permis d'entreprendre ce voyage, la Chambre en chargea Deschamps qui se fit accompagner par le maître auditeur Balland, son beau-frère, « qui a, dit-il, en écrivant au duc, un génie tout particulier pour ces sortes d'entreprises. » Ils conduisirent, également, avec eux, l'ingénieur Daverolles, pour dresser le plan des travaux à exécuter.

Le 19 mai 1667 (¹), Deschamps rend compte au duc de la visite que lui et ses compagnons ont faite aux défilés de Chailles et de la Grotte, qui étaient les deux points les plus difficiles pour y établir la route à charrettes. Il avait fait dresser un détail des travaux à faire pour pouvoir les adjuger à des entrepreneurs. Il ne paraissait pas, cependant, bien sûr de l'exactitude des évaluations qui avaient été faites, car il écrit au duc qu'il serait mieux de faire exécuter ces travaux en régie par des ouvriers payés à la journée, en n'adjugeant à l'entreprise que les maçonneries. Deschamps ajoute qu'on a pris les mesures pour adoucir le chemin de la Grotte, de manière à ce qu'il n'ait pas plus de pente que la montée du château de Chambéry où les charrettes et voitures montent facilement.

Le 3 juin suivant (²), Deschamps écrit au duc que la Chambre lui envoie un plan du chemin de la Grotte, et le 10 du même mois (³) il en adresse un autre au comte Sansoz (⁴) pour être présenté au duc : ce second projet « paraît, dit-il, plus ingénieux, mais il sera de plus grande dépense. » Le 7 août (⁵), le duc ayant adopté ce

---

(1) *Pièces justificatives*, n° XL.
(2) *Pièces justificatives*, n° XLII.
(3) *Pièces justificatives*, n° XLIII.
(4) Le comte Jean-Claude Sansoz, secrétaire d'Etat pour l'intérieur.
(5) *Pièces justificatives*, n° XLV.

second projet, et ordonné son exécution, Deschamps fait observer qu'il coûtera les trois quarts plus que le premier; et la Chambre, sur son observation que le premier projet, quoique moins coûteux, sera aussi facile et de moindre entretien, suspend l'adjudication des travaux, et renvoie sur les lieux les mêmes personnes pour tracer le travail, en présence des entrepreneurs, et s'entendre avec eux. Enfin, le 3 septembre Deschamps écrit au duc que la Chambre avait donné les prix faits pour le chemin à charrettes de la Grotte et de Chailles à 2,370 ducatons (1), ce qui lui semblait bon marché à l'égard de l'entreprise et du travail qu'il y a à faire (2).

---

(1) Dans notre notice, il est parlé des monnaies suivantes : la pistole, le ducaton et le florin. La valeur respective de ces monnaies se déduit facilement des contrats passés à cette époque par la Chambre des Comptes. Nous lisons dans celui passé le 26 juin 1678 : «... laquelle besogne il promet de dûment faire et prête à poser dans quinze jours pour et moyennant le prix de neuf pistoles, de trois ducatons pièce, faisant la somme de cent huitante neuf florins... » La pistole valait donc trois ducatons et celui-ci sept florins. De 1668 à 1673, la valeur du ducaton a varié de 4 livres 12 sous à 5 livres, en moyenne elle a été de 4 livres 15 sous :

La pistole valait donc 14 livres 5 sous;
Le ducaton » 4 » 15 »
Le florin » 0 » 13 » 5 deniers.

La livre variait beaucoup de valeur intrinsèque ; à cette époque, sa valeur était un peu supérieure à celle du franc.

(2) *Pièces justificatices*, n° XLVII. Le contrat passé le 2 septembre 1667 par la Chambre des Comptes avec Claude Paquet, le jeune, et sept autres maîtres maçons de Chambéry (*pièces justificatices*, n° CIII), ne porte que 1,900 ducatons effectifs pour la route des Echelles : les autres 470 ducatons étaient pour les travaux à faire aux gorges de Chailles, concédés le même jour aux mêmes entrepreneurs.

Deschamps n'avait pas tort de trouver ce prix minime : nous verrons plus tard que les entrepreneurs ne tardèrent pas à s'apercevoir qu'ils s'étaient gravement trompés dans leurs calculs, car ils n'étaient pas arrivés à la moitié du travail à faire que déjà ils avaient dépassé de beaucoup le chiffre total de l'entreprise. Il fallut continuer le travail en régie, implorer la miséricorde du duc pour ces malheureux entrepreneurs et faire avec eux de nouveaux accords.

On commença bientôt les travaux, mais ce ne fut plus Deschamps qui eut la direction spéciale de ceux qui se firent à Chailles et à la Grotte; il s'occupa de ceux qui se firent de Chambéry à Saint-Jean-de-Maurienne et de la construction du port de Bellerive, sur le lac de Genève. Son beau-frère Balland dirigea ceux qui se firent entre le Pont-de-Beauvoisin et Chambéry, y développa une activité et une intelligence singulière, et, malgré tous les obstacles et les incidents qui vinrent le contrarier, les conduisit à bonne fin.

IV.

Construction de la route de Charles-Emmanuel II. 2ᵉ période : Projets et travaux d'exécution ; — le maître auditeur Balland.

Nous allons voir maintenant à l'œuvre l'auteur du projet qui fut exécuté, et qui, pendant plus de deux ans, en dirigea les travaux avec un succès que nous pouvons encore aujourd'hui constater, puisque, après deux cent vingt ans, son œuvre est encore debout, bravant les intempéries et résistant à toutes les causes de destruction qui suivent le manque complet d'entretien. Nous avons déjà fait ressortir ce qu'a d'étrange, pour nous, le fait de voir un auditeur à la Chambre des Comptes, homme de loi avant tout, concevoir et diriger, avec succès, un travail de cette importance. Il sera intéressant de le suivre presque jour par jour, de le voir aux prises avec des difficultés de tout genre qui surgissaient à chaque pas, et dont il fallait triompher avec des moyens qui sembleraient bien primitifs aux ingénieurs de nos jours. Et il ne sera pas d'un moindre intérêt de voir avec quel soin et quelle minutie le duc Charles-Emmanuel II suivait les progrès d'une œuvre à laquelle il attachait tant d'importance. Nous ne possédons pas les lettres du duc à Balland, mais nous pouvons facilement juger par la correspondance de ce dernier, combien le duc accomplissait consciencieusement ce qu'il considérait comme un devoir de sa position vis-à-vis de son peuple. Après tant d'années de guerre sous les princes ses prédécesseurs, Charles-Emmanuel II put terminer son règne dans les travaux plus féconds de la paix, et jeter les bases de la prospérité qui permit à son successeur de résister à la première puissance militaire de l'époque, et de conquérir cette couronne royale que depuis longtemps les princes de la Maison de Savoie ambitionnaient.

Charles-Emmanuel II avait pris pour devise : « *Multis melior pax una triumphis.* » Une bonne paix est préférable à tous les triomphes. Il la justifia, car, surtout depuis la mort de sa mère, Madame Royale, il se consacra entièrement aux travaux d'utilité publique et d'embellissement de sa capitale. On lui a reproché d'avoir un peu, comme son contemporain Louis XIV, la manie des constructions; c'est à coup sûr, de tous les souverains de la Maison de Savoie, celui qui a le plus bâti et dont il reste le plus de souvenirs dans les monuments, édifices et œuvres d'utilité publique qui subsistent encore. « Au reste, dit le marquis Costa, le goût de Charles-Emmanuel pour la magnificence, ne l'empêcha pas d'être un prince économe, appliqué, laborieux et véritablement le père de ses sujets. »

Nous avons vu que les travaux de Chailles et de la Grotte avaient été adjugés à des entrepreneurs, le 5 septembre 1667. Le 25 du même mois Balland leur fit mettre la main à l'œuvre. Il établit comme contrôleur le châtelain des Echelles, homme âgé et dont les fonctions garantissaient la fidélité. Il prit pour surveillant des travaux un certain César Verdet, maître maçon de Chambéry, qui se contenta, dit-il, dans sa lettre du 22 octobre 1667 (1) au duc, d'un demi-ducaton de salaire par jour (2). L'hiver allant commencer, Balland fit travailler à adoucir la pente vers le milieu de la route, sans cependant jamais interrompre le passage des voyageurs et des bêtes de somme, en remettant au printemps le commencement de la construction des murailles qui n'auraient pu se faire pendant les gelées (3).

La lettre de Balland, du 12 novembre suivant (4), nous met au courant d'un singulier incident. Il paraît qu'il n'était guère d'accord avec l'ingénieur Daverolles dont le projet avait d'abord été accepté, puis refusé quand le sien fut adopté. Ils n'étaient pas même d'accord sur la hauteur de la partie du défilé que la route devait franchir, et par conséquent sur la longueur et la

---

(1) *Pièces justificatives*, n° LXV.
(2) Nous avons des rapports de ce Verdet en date du 11 décembre 1667, du 24 février et du mois de mai 1669.
(3) *Pièces justificatives*, n° LXV.
(4) *Pièces justificatives*, n° LXVI.

pente des murs de soutènement qu'il s'agissait de construire pour soutenir la rampe qui devait racheter la différence de niveau. Balland s'en remit au jugement du R. P. de Challes (¹) « recteur des Jésuites, docteur, régent, auteur en mathématiques, » qui était alors supérieur du collège de Chambéry. Celui-ci vint sur les lieux et trouva que l'ingénieur Daverolles avait évalué cette différence de niveau à trente-trois pieds (²) de hauteur de plus qu'il n'avait marqué sur le rocher. Le R. P. de Challes ayant ainsi donné raison à Balland, il paraît que « l'ingénieur » Daverolles fut définitivement évincé de toute ingérence dans les travaux de la route, car depuis lors nous ne voyons plus réapparaître son nom dans la correspondance de Balland avec le duc.

Malgré cela, le projet de Balland fut encore contesté ; il dut retourner sur les lieux avec son beau-frère Deschamps et le R. P. de Challes, ensuite de quoi il fut finalement reconnu bon et adopté.

Pendant l'hiver 1667-1668, vingt-quatre ou vingt-

---

(1) Claude-François Milliet de Challes, mathématicien, né à Chambéry en 1621, mort en 1678, entra dans l'ordre des Jésuites et fut professeur d'hydrographie à Marseille, de philosophie et de mathématiques à Lyon. Son *Cursus seu Mondus mathematicus* (Lyon 1674, 3 vol. in-fol.) lui fit une grande réputation, et fut longtemps recherché ; il comprend trente-un traités (coupe de pierres, charpente, navigation, etc.)

(2) Le pied de chambre dont il s'agit ici est égal à 0=359, l'erreur commise par Daverolles était de 11=20, ce qui aurait exigé une centaine de mètres de longueur de plus aux murs de soutènement.

cinq ouvriers continuèrent à travailler à la route, et la douceur de la saison le permettant, ils commencèrent à fonder les murs de soutènement de la rampe, en creusant jusqu'au rocher vif, et en leur donnant jusqu'à six pieds (2m25) d'épaisseur à la base.

Dans sa lettre du 4 décembre 1667 (1), Balland rend compte au duc de l'avancement des travaux : il n'y a plus que vingt ouvriers maçons qui continuent à fonder les murs tant que la rigueur de la saison le permet, et à construire des murs à sec qui ne craignent pas la gelée. Balland, tout en se montrant satisfait des entrepreneurs, commence cependant à dire qu'il doute qu'ils puissent terminer les travaux qui font l'objet de leur entreprise, pour la somme portée dans leur contrat.

Il regrette que S. A. R. n'ait pas vu les lieux où se fait ce travail, mais il espère que quelque passant lui en rendra compte.

Les travaux continuèrent pendant l'hiver et le printemps suivant, mais les entrepreneurs, trompés dans leurs prévisions, désespéraient de venir à bout des engagements qu'ils avaient pris. Le travail s'en ressentait et se ralentissait : au mois de juin 1668, il n'y avait sur le chantier que trois maîtres maçons et une trentaine d'ouvriers ; l'auditeur Deschamps, qui n'avait plus écrit au duc au sujet de ces travaux depuis que la direction en avait été confiée à son beau-frère, reçut de nouveau l'ordre de surveiller les travaux du chemin

---

(1) *Pièces justificatives,* n° LXVII.

de la Grotte, et le 1er septembre (¹) il écrivait au duc en déclarant nettement que les entrepreneurs s'étaient mécomptés, et que ces travaux reviendraient certainement au double du prix pour lequel ils leur avaient été adjugés. Ces entrepreneurs étaient de pauvres gens qui n'avaient « rien de plus considérable que leur travail, » et Deschamps les recommandait à l'équité du duc, pour venir à leur secours. Déjà Balland, dans sa lettre du 28 juillet (²), faisait appel à sa bonté en leur faveur. En attendant, pour se rendre un compte exact de la marche des travaux, il avait installé sur les lieux un maître maçon pour faire le contrôle des journées d'ouvriers employées « sur quoi, dit-il, on pourra avoir quelques égards, si V. A. R. le commande, quand il sera temps. »

A ce moment-là, le passage n'était pas encore interrompu sur le chemin muletier qui existait avant la route de Charles-Emmanuel II, puisque Balland écrit au duc qu'il avait fait laisser une brèche dans le mur de soutènement (³) par laquelle on pouvait passer. Il faisait, cependant, espérer que dans quinze jours le nouveau chemin pourrait être ouvert à la circulation. Malgré ces espérances, il écrit le 13 octobre suivant que le passage par la brèche n'avait pas été inter-

---

(1) *Pièces justificatives*, n° XLIX.
(2) *Pièces justificatives*, n° LXVIII.
(3) La brèche, laissée par Balland, fut utilisée pour la construction d'un grand canal de décharge des eaux qui existe encore. Son sol à gradins paraît être celui de l'ancien chemin à mulets.

rompu, et qu'il restait encore bien du travail à faire pour rendre la nouvelle route accessible aux charrettes ; il y avait alors quarante-deux ouvriers, tant maçons que manœuvres : depuis le dernier voyage de Balland, ils avaient fait douze toises de murailles de huit et dix pieds d'épaisseur (¹).

Le 25 octobre, nous avons une nouvelle lettre de Balland au duc (²), et le 26 une autre de Deschamps. Le duc avait demandé un plan de ce chemin de la Grotte et ordonné qu'il fût terminé avant la fin de l'année courante, ce que Balland déclare impossible à moins « d'un secours surnaturel. » Il entre dans les détails les plus minutieux sur les travaux qu'il restait à faire, et prie S. A. R. de juger s'il était possible, en six semaines au plus qu'il y avait jusqu'aux gelées, de les terminer.

Le plus gros du travail était alors le remblayage derrière les murs de soutènement qui avaient été construits : on obtenait les matériaux nécessaires en faisant sauter à la mine les rochers qui se trouvaient au-dessus de ces murs ; les mineurs s'attachaient au rocher par des échelles et des cordes ; il y en avait qui étaient à plus de deux cents pieds de hauteur : « à les voir d'en-bas, dit Balland, il fait frémir. » Mais il paraît que la nature de ces rochers mous et fissurés rendait

---

(1) 32^{m}60 de longueur sur 2^{m}67 à 3^{m}40 d'épaisseur. Ces dimensions sont à peu près conformes à la règle de Vauban sur l'épaisseur à donner aux murs de soutènement.
(2) *Pièces justificatives*, n° LXX.

peu efficace l'action de la poudre. Deschamps écrivait au duc, le 26 octobre 1668 (¹), qu'il avait eu, d'un Allemand, le secret d'une poudre de mine qui faisait plus d'effet en un jour que l'autre en douze ; il en fit fabriquer par Bertholus, poudrier de S. A. R. Il ne semble pas que cette poudre merveilleuse ait produit de bien bons résultats, car Deschamps n'en reparle plus, et Balland, le 10 novembre suivant (²), en est encore à chercher les moyens de rendre l'effet des mines ordinaires plus puissant, soit en faisant venir d'Hurtières ou d'Allevard des mineurs plus expérimentés, soit en coulant du plâtre dans le trou de mine, soit en faisant l'essai de « la poudre forte que les poudriers de S. A. R. ont composée. » Cet essai fut fait à la fin de novembre : « il est vrai, dit Balland, que cette composition forte fait plus d'effet en moindre quantité que la commune dont on s'était servi, et qu'à poids égal elle écarte le rocher mieux que la première, néanmoins elle ne renverse pas ainsi que je voudrais. Ce manquement vient de la pierre qui ne se trouve solide, car les mines se font au bord, et ces poudres n'ont assez de force pour les pousser au bas. » On proposa alors à Balland de creuser une mine comme on le fait pour renverser les bastions dans les sièges; mais la dépense lui parut considérable et l'effet incertain. Il se borna à faire les trous de mine plus gros, et à modifier la forme des aiguilles qui servaient à les forer.

---

(1) *Pièces justificatives*, n° LI.
(2) *Pièces justificatives*, n° LXXII.

A ce moment, le duc assailli de rapports contradictoires et peu favorables sur les travaux, avait envoyé sur les lieux le sieur Carron Aynaud, contrôleur général des finances et conseiller d'Etat, lequel n'était pas très favorable à Deschamps avec lequel il avait eu de forts dissentiments; il paraît aussi qu'entre les deux beaux-frères, Deschamps et Balland, il régnait alors une certaine mésintelligence, car dans une lettre de Carron Aynaud, du 7 novembre (1), dont nous citons un passage, celui-ci blâme Deschamps et donne raison à Balland au sujet du prix auquel le premier avait fait adjuger les travaux du chemin de la Grotte, prix qui était, suivant Balland, bien inférieur à la somme qui aurait été nécessaire, ainsi que le résultat l'avait prouvé.

Le 17 novembre (2), Balland envoya au duc le plan et la carte du chemin de la Grotte. Il y avait alors quarante-cinq ouvriers qui y travaillaient : l'un d'eux venait d'être tué par la chute d'un rocher : « le pauvre malheureux y avait travaillé dès le commencement sans discontinuer; » il laissait une veuve enceinte que Balland recommandait à la charité de S. A. R.

Depuis cette époque, Deschamps ne s'occupa plus du chemin des Echelles; on voit par sa correspondance avec le duc (3) qu'il était rentré en grâce auprès de lui malgré ses dissentiments avec le contrôleur général

---

(1) *Pièces justificatives*, n° XXXV.
(2) *Pièces justificatives*, n° LXXIII.
(3) *Pièces justificatives*, n°° XXXVI et suivants.

Carron. Il avait conservé la direction des travaux qui se faisaient aux routes entre Chambéry et le Mont-Cenis, et celle des travaux du port de Bellerive (¹). Ce n'est qu'à la fin de 1669 qu'il donne de nouveau au duc quelques renseignements sur l'état des travaux au chemin de la Grotte qui allait être terminé.

Au commencement de 1669, le duc ayant donné l'ordre que l'on ne continua plus à exécuter en régie les travaux de ce chemin, mais qu'ils fussent mis aux enchères et adjugés à de nouveaux entrepreneurs, Balland fit de nouveaux devis, et le 16 mars (²) il écrit au duc que l'adjudication avait été faite, et qu'il avait inséré au contrat toutes les clauses qu'il avait estimé nécessaires pour la rapidité de la construction et la solidité du travail (³).

A Lyon, on commençait à se préoccuper vivement de la réalisation des projets de Charles-Emmanuel II, qui allaient considérablement améliorer les conditions

---

(1) Bellerive, près de Collonges, à sept kilomètres de Genève, est maintenant sur le territoire suisse. Charles-Emmanuel II rêvait alors d'y créer un port important où il pût attirer une partie du commerce de Genève. Longtemps les ducs de Savoie ont fait tous leurs efforts pour diminuer l'importance commerciale de cette ville.

(2) *Pièces justificatives*, n° LXXVI. Le contrat avait été passé le 11 mars 1669 avec François Bergoen, qui s'engageait à terminer tous les travaux du chemin de la Grotte pour le prix de 16,900 florins, environ 11,000 livres, soit pour près de 2,550 livres de plus que ne le portait la première adjudication, celle du 2 septembre 1667. On voit donc de combien avaient été dépassées les premières prévisions.

(3) *Pièces justificatives*, n° CIV.

du commerce important que cette ville faisait avec l'Italie. Elle avait envoyé sur les lieux des architectes pour s'enquérir de l'état des travaux. Ceux-ci, dans leur visite, avaient même promis à Balland de lui donner leurs conseils pour la rédaction du devis des travaux qui restaient à faire et qui furent mis en adjudication, comme nous l'avons vu. Ils n'en firent rien, ayant probablement trouvé que Balland, d'auditeur à la Chambre devenu ingénieur, n'avait pas besoin de leurs avis, quelque éclairés qu'ils fussent.

Au milieu de 1669, le travail continuait avec succès ; les mines jouaient avec plus d'effet dans un rocher plus dur ; mais il n'y avait plus que vingt-cinq ouvriers, les moissons en ayant détourné un grand nombre. Ils avaient d'ailleurs été effrayés par la mort d'un de leurs camarades, tombé du haut des rochers, et par l'accident arrivé à un autre qui s'était cassé les deux jambes. Balland les recommande, eux et leurs familles, à la charité de S. A. R. Le duc leur envoya des secours, ce dont Balland le remercie dans sa lettre du 14 septembre (1).

Le 28 décembre, le froid extrême qu'il faisait depuis une huitaine de jours avait obligé de suspendre les travaux ; néanmoins, ils étaient assez avancés pour que les paysans de la localité passassent dans la nouvelle route avec leurs charrettes, et Balland écrit au duc qu'on pourrait, quand on voudrait, entreprendre

---

(1) *Pièces justificatives*, n° LXXVIII.

le transport des marchandises par charrettes : « on les fera toujours, dit-il, passer sans grande incommodité, jusqu'à ce que le bon temps permette de finir cet ouvrage, qui paraît sur une grande machine qui fait l'admiration des passants, et la curiosité de nos voisins qui ont désespéré de la réussite de cette entreprise. »

Enfin, le 31 mai 1670 (¹), Balland annonce au duc qu'on a fini de poser les parapets sur la grande muraille de la Grotte ; il ajoute, avec une vanité ingénue, que c'est lui qui a tracé l'épure de la taille des pierres qui couronnent les bahuts : « qui s'enchassent toutes par des quarts de rond, et cette nouvelle façon, outre l'épargne des ferrures qu'il aurait fallu dans la longueur d'environ quatre-vingt toises, rend ce travail aussi solide que s'il était d'une pièce. Il n'y en a encore point en ce pays de cette manière. » Il est certain, sans vouloir, par un éloge posthume, flatter la vanité de Balland, que ces parapets ont résisté à deux cent vingt ans d'intempéries et de manque d'entretien, et que, sur la plus grande longueur du mur où ils ont été posés, ils sont encore presque intacts.

Il n'y avait plus qu'un peu de remblai à faire derrière la grande muraille, et l'œuvre, commencée le 25 septembre 1667, pouvait se considérer comme terminée, après deux ans et huit mois de travail. Il y eut depuis lors quelques travaux complémentaires moins importants qui furent successivement adjugés, le 28 avril 1670, le 6 juillet et le 20 novembre 1671.

---

(1) *Pièces justificatives*, n° LXXXI.

En suivant les péripéties de cette entreprise, en voyant les difficultés de tout genre qu'il fallut vaincre, en songeant à la faiblesse des moyens techniques dont on disposait alors, et au défaut d'hommes spéciaux dont on abonde aujourd'hui, en considérant le peu de ressources pécuniaires que le duc pouvait consacrer aux travaux publics, on peut à juste titre s'étonner de voir ce travail s'accomplir en si peu de temps. Il y a plus de six mille mètres cubes de maçonnerie en pierres de gros appareil; on a dû faire sauter près de treize mille mètres cubes de rochers pour remblayer, élargir, aplanir et régulariser les rampes; nous passons sous mémoire les pavés, cunettes, canaux de décharge, parapets et autres menus ouvrages; et tout cela a été fait en moins de trois ans. C'est à peine, comme nous l'avons déjà dit, si aujourd'hui on arriverait à ce résultat avec les moyens si puissants d'exécution dont on dispose.

V.

Construction de la route de Charles-Emmanuel II. Partie entre la Grotte et Chambéry : les bois de Couz, — la Corbière, — le pont Saint-Charles.

La mission dont le duc avait chargé Balland n'était pas finie; il fallait rendre praticable aux charrettes et voitures la route depuis la Grotte jusqu'à Chambéry, en suivant la vallée de Couz. Il ne se présentait pas là les difficultés et les travaux considérables qu'avait exigés la traversée du défilé des Echelles; néanmoins, sur trois points, Balland rencontra encore de nombreux obstacles à vaincre, ce sont les bois de Saint-Jean-de-Couz, les marais de la Corbière et la traversée de la rivière d'Hyère, à l'endroit où se trouve le pont Saint-Charles dont on lui doit la construction.

Voici ce que dit Balland dans sa lettre au duc du 5 juillet 1669 (1), à propos des bois de Saint-Jean-de-Couz : « Il reste pourtant entr'autres une rude besogne

---

(1) *Pièces justificatives*, n° LXXVII.

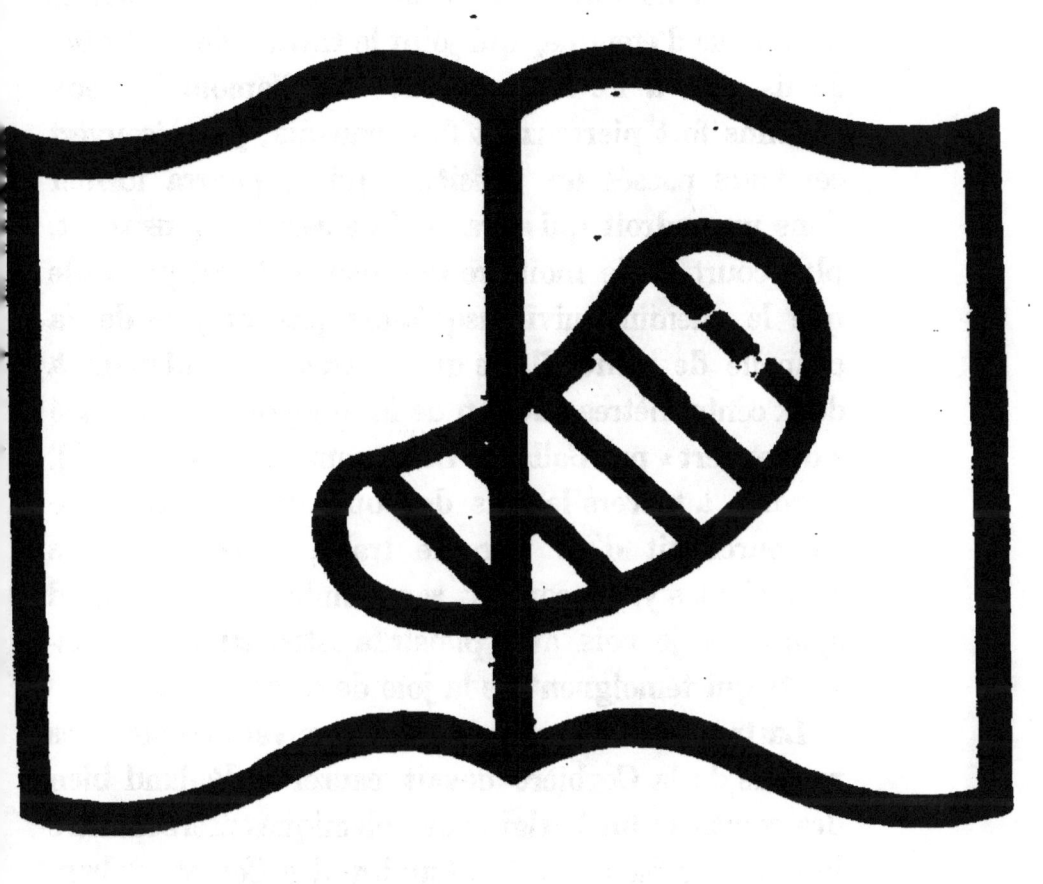

Illisibilité partielle

à faire au bois de Saint-Jean-de-Couz, d'une bonne demi-lieue d'étendue, qui joint le travail de la Grotte. Je fis voir à M. le comte de Castellamont (¹) deux chemins fort pierreux et fort mauvais; j'ai découvert ces jours passés un troisième qui se pourra former dans un endroit qui sera, ce me semble, plus droit, plus court et de moindre dépense. » Il est probable que le chemin suivi jusqu'alors passait près de la chapelle de saint Blaise qui se trouve maintenant à deux cents mètres environ de la route qui suit le tracé « découvert » par Balland. Le 14 septembre suivant (²), la route à travers le bois de Couz était achevée, elle raccourcissait d'un tiers le trajet, deux charrettes pouvaient s'y rencontrer sans embarras, et Balland ajoute : « je vois avec plaisir la satisfaction des passants qui témoignent de la joie de ce travail. »

La traversée des marais qui se trouvent au pied des rochers de la Corbière devait causer à Balland bien des soucis, et fut l'origine de polémiques acerbes entre le Sénat de Savoie et la Chambre des Comptes, deux institutions qui étaient jalouses l'une de l'autre, et se faisaient souvent une vive opposition. Le Sénat de Savoie jouissait des privilèges d'une cour presque souveraine, tandis que la Chambre des Comptes était

---

(1) Le comte Amédée de Castellamonte, conseiller d'Etat et surintendant général des « *Fabbriche e fortificazioni*, » architecte renommé, envoyé par le duc pour inspecter les travaux de la route en Maurienne et jusqu'au Pont-de-Beauvoisin.

(2) *Pièces justificatives*, n° LXXVIII.

plus dans la dépendance du duc, et lui marquait plus de dévouement et de soumission. C'était du reste l'habitude des ducs de Savoie de contenir l'un par l'autre ces deux corps qui se partageaient la représentation de la puissance souveraine en Savoie, l'un dans l'ordre judiciaire, l'autre dans la sphère administrative.

Les marais de la Corbière s'étendent au fond de la vallée, à un kilomètre environ avant d'arriver à Saint-Thibaud-de-Couz, quand on vient de Chambéry : il a toujours été très difficile d'y maintenir la route en bon état ; plusieurs fois elle a été changée de place, et même de nos jours elle a subi quelques modifications de tracé. Il est pour la première fois question de la traversée de ces marais dans une lettre de Balland au duc, du 5 juillet 1669 [1]. Tout en se louant d'y avoir fait, pour une faible somme, une route où passent les charrettes, tandis que les chevaux avaient peine à y passer précédemment, il ne se dissimule pas que ce ne peut être un travail définitif, car bonne partie de la route est sur de la terre grasse qui deviendra boueuse quand arriveront les pluies, mais il compte précisément sur les intempéries et l'injure du temps pour marquer les endroits où il faudra faire des travaux de réparation.

Il paraît que ce qui avait été fait pour la traversée des marais de la Corbière n'avait pas donné de bons résultats, puisque le 16 mai 1670 [2] nous voyons le

---

[1] *Pièces justificatives*, n° LXXVII.
[2] *Pièces justificatives*, n° XVI.

président du Sénat (¹) écrire au duc en ces termes :
« L'opiniâtreté et la négligence de Messieurs de la Chambre nous va priver de tout le bénéfice que tout l'Etat recevrait du chemin de la Grotte ou de Chailles. Le travail est à sa perfection jusques à la Corbière, mais de là jusques à Cognin c'est le plus malheureux chemin qu'on verra jamais. M. Balland, au lieu de faire faire un beau pavé, comme toutes les personnes un peu entendues ont toujours opiné, a fait porter quantité de marc (²), disant qu'étant tiré du dedans de la montagne et exposé au soleil, il se rendrait aussi dur que d'acier. Il a trouvé que c'est à présent une boue où les chevaux et encore plus les mulets entrent jusqu'au ventre. Deux mulets s'y sont estropiés depuis huit jours ; trois Chartreux venant par ce chemin ont failli s'y rompre le col, et nos commissaires de Saint-Genix, qui viennent d'arriver, ont été dans un pareil péril, et m'ont dit qu'ils avaient failli à se perdre. Si V. A. R. veut que cette route acquière quelque réputation, il faut, sans plus de retardement, faire travailler à ce pavé. Ceux d'Aiguebelette ne travaillent qu'à décrier cette route, et si elle est une fois discréditée, jamais les voituriers ne la reprendront. »

Nous avons tenu à rapporter textuellement les plaintes du président du Sénat de Savoie au duc, car

---

(1) François de Bertrand de la Pérouse, premier président du Sénat de 1660 à 1676.
(2) On appelle « marc » en Savoie une espèce de conglomérat argillo-calcaire.

il ne cessa de les renouveler. Ses lettres des 16 mai et 28 novembre 1670, des 12, 13 et 26 décembre de la même année, du 9 janvier, du 13 février, du 17 avril, des 1er et 8 mai, du 19 juin et du 4 septembre de l'année suivante (1), ne font que reproduire en termes presque identiques les récriminations du Président contre ces Messieurs de la Chambre « qui veut tout faire sous prétexte qu'elle manie la bourse, et dans le fond ne fait rien. » Le président du Sénat écrivait tantôt au duc tantôt à son ministre qu'il croyait probablement mieux disposé envers lui, mais il ne paraît pas qu'il en fût favorablement écouté, ni que la faveur dont jouissait la Chambre des Comptes fût diminuée, car son successeur à la présidence du Sénat fut précisément Milliet de Challes, président de la Chambre des Comptes au moment où se produisaient les dissentiments dont nous venons de parler.

Ces plaintes réitérées avec insistance retombaient sur le pauvre Balland, car nous le voyons fréquemment donner au duc des renseignements sur ce qu'il fait pour remettre en bon état ce passage des marais de la Corbière. Le 31 mai 1670 (2), il écrit : « On travaille aussi à sécher les bourbiers de la Corbière; la rigueur de l'hiver a tellement détrempé les terres grasses qu'on y enfonçait jusqu'aux sangles; j'y ai fait porter des pierres en quantité et je prétends de

---

(1) *Pièces justificatives*, nos X et suivants.
(2) *Pièces justificatives*, n° LXXXI.

rendre ce chemin fort solide dans une huitaine de jours pour le plus tard. » Le 13 juin suivant (¹), il annonce au duc que les bourbiers de la Corbière seront finis de sécher la semaine suivante. Six calèches venaient de passer sur la nouvelle route des Echelles : « les bourbiers, dit-il, m'ont plus effrayé que les autres méchants endroits, et m'ont plus surpris que le reste du travail. Car l'année passée, lorsqu'on y travailla après que j'eus détourné le chemin avec la boussole, les outils faisaient le feu dessus cette terre grasse qui s'est maintenue ferme l'hiver, et d'abord à la prime on y a enfoncé si effroyablement que la rue d'Enfer, sur la route de Paris, n'a jamais été si boueuse. La commodité des pierres en a été le remède, et on y en mettra tant qu'il soit ferme, c'est de quoi j'assure V. A. R. »

En juillet (²), il écrivait de nouveau au duc qu'on avait fini de sécher les bourbiers de la Corbière : on y avait fait plusieurs chaussées, quantité d'aqueducs et quelques fossés pour contenir et recevoir les eaux, si bien qu'il n'y avait, disait-il, plus de risque à y passer.

Malgré ces assertions de Balland, il ne paraît pas que cette partie de la route fut en bien bon état, car le 28 novembre suivant (³), le président de la Pérouse écrit au duc et à son ministre d'Etat que le sieur

---

(1) *Pièces justificatives*, n° LXXXII.
(2) *Pièces justificatives*, n° LXXXIII.
(3) *Pièces justificatives*, n°ˢ XVII et XVIII.

Grolier, procureur général au Consulat de Lyon, avait failli s'y rompre le cou, « et tout cela, dit-il, par l'opiniâtreté de Messieurs de la Chambre, qui ne veulent point faire de chaussée et de pavé en deux ou trois endroits où il y a des bourbiers; on y a perdu deux ou trois mulets, et par là la route est discréditée, et tous ont repris le chemin d'Aiguebelette. Il faut faire les pavés, y changer la poste, ou tout ce qui est fait demeurera inutile. »

Les 12 et 13 décembre (1), le président insiste de nouveau auprès du duc et du ministre pour qu'on fasse un bon pavé à la Corbière, « sans s'amuser à remplir ces lieux de gravier. » Il paraît que Balland, cent-soixante-six ans avant Mac-Adam, voulait déjà appliquer aux routes le mode d'empierrement que l'on emploie partout aujourd'hui, même dans l'intérieur des villes; c'était prématuré, et notre homme de loi, devenu ingénieur, n'était pas au courant de toutes les précautions qu'exige ce système de chaussée. Balland, dix mois après, dut se résigner à mettre la main au pavé que ne cessait de demander le président du Sénat. Le duc envoyait en Savoie, pour y faire une inspection des travaux, le commandeur Balbian, et, à l'annonce de l'arrivée prochaine de cet envoyé du duc, on avait précipitamment commencé ce travail.

A la fin de 1670, le Consulat de Lyon avait envoyé deux députés visiter la nouvelle route des

---

(1) *Pièces justificatives*, nos XIX et XX.

Echelles, mais ils avaient reconnu qu'elle ne pourrait pas encore être pratiquée par les carrosses et charrettes, jusqu'à ce qu'on ait réparé le passage des marais de la Corbière. Le duc attachait une grande importance à cette visite des députés du Consulat de Lyon, corps de qui dépendaient les mesures commerciales à prendre. Il voulait ramener sur la route du Mont-Cenis le commerce qui, pour aller en Italie, avait pris la voie du Valais et du Simplon ; les Lyonnais s'y montraient disposés, la route du Mont-Cenis étant plus courte et plus aisée. Le duc voulait conclure, à ce sujet, un traité avec le Consulat de Lyon, dans le but de rendre à la douane de Suse sa prospérité, et de ruiner complètement le commerce de la ville de Genève. Mais, malgré la bonne volonté du Consulat de Lyon, il n'y eut pas moyen d'arriver à un accord, la route des Echelles étant encore peu praticable aux grandes voitures.

Cet état de choses continuant, le président du Sénat opine, en février 1671, qu'il n'est pas opportun de concéder à un sieur Pernet, qui en avait fait la demande, d'établir un service de coches sur la route des Echelles : il écrit au ministre du duc qui le pressait de faire délibérer le Sénat sur la demande du sieur Pernet ([1]) : « Je porterai lundi la Patente au Sénat avec la lettre que vous lui avez procurée, mais nos Messieurs me riront au nez lorsque je les presserai d'opiner sur un être de raison. »

---

(1) *Pièces justificatives*, n° XXV.

Pendant l'année 1671, le président du Sénat continua, sans se lasser, ses plaintes; on ne réparait plus le chemin d'Aiguebelette où passait cependant encore la poste, et le chemin des Echelles n'était pas encore viable. Tellement qu'il écrit au ministre le 1er mai 1671 (¹), que la route était en si mauvais état « qu'on ne croit pas que le carrosse de Madame la marquise de Saint-Maurice y puisse passer à vide. » Que des mulets y périssent, que des Chartreux et d'autres risquent de s'y rompre le cou, c'était déjà un mal; mais que le carrosse de la belle marquise n'y puisse passer à vide, voilà ce qui ne pouvait se supporter.

Balland cherchait à se disculper de son mieux des accusations du président du Sénat. Le 30 mai 1671 (²), il écrivait au duc qu'il avait appris avec un déplaisir sensible les fausses impressions qu'on avait donné à S. A. R. sur l'état des travaux; que si l'auteur de ces avis l'eût accompagné, il l'eût sans peine convaincu de son imposture « de quelque condition qu'il puisse être (³). » Balland ajoutait que, sans prétendre que son œuvre fût arrivée à sa perfection, il pouvait néanmoins assurer que le plus difficile était fait, et que ce qui restait à faire était bien acheminé.

Le 13 juin (⁴), Balland avise le duc qu'il a fait con-

---

(1) *Pièces justificatices,* n° XXVIII.
(2) *Pièces justificatices,* n° LXXXVII.
(3) Balland savait probablement fort bien que son accusateur était le président du Sénat.
(4) *Pièces justificatices,* n° LXXXVIII.

duire aux bourbiers de la Corbière deux mille charretées de pierres, et qu'on continuera jusqu'à ce que tout soit dans sa perfection. Malgré cette assurance, nous avons vu que, trois mois après, il fut obligé d'y faire le pavé tant de fois demandé par le Sénat. Ce ne fut donc qu'à la fin de 1671 que cette partie de la route fut en bon état de viabilité. Le 5 décembre (1), Balland écrit au duc qu'ayant parcouru la route, il a trouvé tout en bon état. Il ajoute qu'en ayant fait faire l'expérience, quoi qu'elle soit plus longue que celle d'Aiguebelette, on mettrait moins de temps à la parcourir. Le commis-général Lamare étant parti à midi par Aiguebelette arriva à six heures et demie au Pont-de-Beauvoisin, tandis que le fermier de Tarentaise, parti à sept heures du matin du Pont-de-Beauvoisin par les Echelles, arriva à Chambéry à midi, mettant ainsi une heure et demie de moins que par l'autre route (2). Les muletiers étaient du reste du même avis, car tous avaient abandonné la route d'Aiguebelette.

Pendant ce temps, Balland s'était occupé de la construction du pont Saint-Charles sur l'Hyère, œuvre qui subsiste encore aujourd'hui telle qu'elle fut élevée par lui. Le 31 janvier 1670 (3), il écrit au duc que la Cham-

---

(1) *Pièces justificatives*, n° LXXXIX.
(2) L'expérience de Balland ne paraît pas bien concluante. Si le fermier de Tarentaise avait fait plus de sept kilomètres à l'heure, tandis que le commis-général en faisait moins de quatre, cela était probablement dû autant à la qualité de leurs montures qu'à celle de la route.
(3) *Pièces justificatives*, n° LXXX.

bre ayant choisi l'endroit pour le pont sur la rivière d'Hyère, conformément au plan qu'il en avait donné, ce travail avait été adjugé aux meilleurs maîtres maçons de Chambéry, et que la semaine prochaine on commencerait à approvisionner les matériaux nécessaires. Il demande à S. A. R. l'autorisation de l'appeler le pont Saint-Charles, « afin que, dit-il, cette dénomination puisse servir à la postérité, de mémoire des libéralités et des bontés que V. A. R. a pour ses sujets. » En juin on avait commencé les fondations du pont, les pierres des culées et de la pile étaient toutes taillées et à pied d'œuvre, et on travaillait à détourner le torrent pour faciliter les travaux de fondation. Il s'était produit des éboulements dans la colline qui domine le côté gauche de la rivière, ce qui rendait le travail plus difficile; en attendant, les charrettes passaient sur un méchant pont de bois.

A la fin de l'année 1671, le pont était achevé; il n'y avait plus qu'à en régulariser les abords, et à faire le pilier et les armoiries que l'on voit au milieu du pont; elles ont été endommagées pendant la Révolution, mais on distingue encore fort bien leur ensemble.

La route des Echelles était donc complètement terminée et livrée à la circulation au commencement de l'année 1672; mais le commerce fut longtemps à prendre cette direction, tellement il est difficile de changer les habitudes et la routine, quelques inconvénients qu'elles puissent présenter. Deux ans et demi plus tard, au milieu de l'année 1674, nous voyons le fermier général de la douane de Suse, le sieur Arnaud, s'adresser à Messieurs du Consulat de Lyon (¹), pour les prévenir que beaucoup de voituriers qui transportent les marchandises de Lyon en Italie, au lieu de suivre la route du Pont-de-Beauvoisin à Suse, qui est la plus courte et la plus commode, prennent des routes obliques tant en allant qu'en venant d'Italie, contrevenant aux édits et arrêts du roi de France et de S. A. R. de Savoie, et fraudent ainsi également les douanes de S. M., les droits de la ville de Lyon et la douane de Suse. Arnaud avertit ces Messieurs du Consulat qu'il avait fait saisir dans les Etats de S. A. R. des marchandises qui avaient pris lesdites routes obliques et défendues, et qu'il continuerait à faire opérer ces saisies tant que cet abus continuerait.

Mais peu à peu le commerce et les voyageurs prirent la route nouvellement construite, et quelques années plus tard c'était certainement la plus fréquentée de celles qui conduisait de France en Italie. Ce qui le prouve, c'est que l'article X du traité d'Utrecht (11 avril 1713) stipule que le commerce de la France avec l'Italie se fera : par mer, au port de Villefranche; par terre, par la chaussée de Turin à Lyon, par le Mont-Cenis, Chambéry, les Echelles, le Pont-de-Beauvoisin. Le manuscrit de Pison du Galland, dont nous avons parlé plus haut, nous donne une description de ce qu'elle était en 1787, où il la parcourut du Pont-de-Beauvoisin à la Novalaise, au pied du Mont-Cenis, du

---

(1) *Pièces justificatives*, n° XCIX.

côté de l'Italie. C'est par cette route que passèrent la plus grande partie des armées qui envahirent l'Italie pendant la Révolution et l'Empire. Napoléon y attachait la plus grande importance : il avait fait construire à Chambéry, à Lanslebourg et sur le Mont-Cenis de grandes casernes; il avait fait ouvrir de Lanslebourg à Suse cette magnifique route du Mont-Cenis, une des plus belles œuvres de l'art de l'ingénieur; il avait fait commencer la percée des Echelles, terminée en 1820, qui devait rendre inutile la route de Charles-Emmanuel II, malgré les mots qu'on lit sur le monument élevé à ce prince, à l'entrée du chemin de la Grotte : *Æternis populorum commerciis patefecit!* Il n'y a rien d'éternel dans les œuvres, même les plus utiles, de l'homme. Il est certain cependant que, pendant cent cinquante ans, la route des Echelles fut la meilleure et la plus fréquentée de celles qui conduisaient de France en Italie.

VI.

Le monument élevé à Charles-Emmanuel II, à la route des Echelles : déboires de Balland, au sujet de l'inscription commémorative qui y figure.

Balland était arrivé au terme de l'œuvre dont le duc lui avait confié la direction : il avait triomphé de toutes les difficultés, et mené à bonne fin la partie la plus ardue de ce travail qui tenait tant à cœur à Charles-Emmanuel II, de cette route qui traversait la Savoie, et mettait, pour la première fois, en communication facile la France et l'Italie, en parcourant ses Etats. En 1670, le président du Sénat écrivait au duc que la route des Echelles était l'œuvre la plus belle et la plus utile qu'on eût jamais faite en Savoie. Au mois d'août de la même année, le président de la Chambre des Comptes alla visiter cette route, en approuva les travaux, et, sur le rapport qu'il fit à la Chambre à son retour, celle-ci chargea Balland de faire dessiner un cartouche contenant une inscription qui devait être gravée sur le rocher, pour éterniser la mémoire du duc : « le meilleur monarque du monde que les passants béniront à jamais. » Ce dessin fut envoyé au général

Graneri (¹). Dans ses lettres du 24 août et du 25 octobre 1670 (²), Balland parle de nouveau de cette inscription, mais il ne paraît pas qu'alors le duc lui en ait envoyé le texte comme Balland le demandait, car jusqu'au 17 juillet 1674 (³), il n'en est plus question dans sa correspondance avec le duc.

Ce qu'on peut cependant conclure de la lettre du 17 juillet, c'est que le dessin de cartouche avec inscription, que Balland avait envoyé au duc au mois d'août 1670, lui avait été retourné en octobre avec ordre de faire exécuter ce dessin, en observant les annotations faites au-dessous du projet d'inscription. Le 16 août 1672, c'est-à-dire près de deux ans plus tard, la Chambre des Comptes avait adjugé à un François Devauge, de Grenoble, sculpteur établi à Chambéry, pour le prix de deux cent quarante ducatons, l'entreprise de l'inscription et des armoiries qui la surmontaient. Le modèle en avait été fait par François Rumellin, aussi maître sculpteur. Nous voyons d'après les livres du Contrôle général des finances de Savoie, qu'en 1672 et 1673 il fut payé à Devauge, pour ce travail, deux cent quatre-vingts ducatons.

Il paraît que cette inscription contenait le nom de Balland, et que le duc n'ayant fait aucune observation

---

(1) Gaspard Graneri, comte de Mercenasco et Villate, conseiller d'Etat, président et général des finances de Savoie dès 1640. Son fils Thomas eut la survivance de cette charge le 15 mars 1687.
(2) *Pièces justificatives*, n°⁸ LXXXV et LXXXVI.
(3) *Pièces justificatives*, n° XCI.

à ce sujet, Balland l'avait fait graver telle qu'elle lui avait été renvoyée, sans rayer « ce malheureux nom, » puisqu'on ne le lui avait point commandé.

Mais au commencement de 1674, le sieur Borgonio, architecte et habile dessinateur au service du duc de Savoie, envoyé pour faire les dessins qui devaient servir à illustrer le *Theatrum Statuum Sabaudiæ* ([1]),

---

([1]) Le *Theatrum Sabaudiæ* a eu cinq éditions : 1° *Theatrum Statuum Sabaudiæ Ducis Piemontis principis. Amstelodami, hæredes.* Jo. Blœrs, 1682, 2 vol. in-fol. max. — 2° Théâtre des Etats de Savoye et du Piémont, traduit du latin de J. Blaers, par Jacques Bernard. La Haye, 1700, 2 vol. in-fol. max. — 3° Le même ouvrage, édition hollandaise, 1725, 2 vol. in-fol. max. — 4° Nouveau Théâtre du Piémont et de la Savoie. La Haye, 1725, 4 vol. in-fol. max. — 5° *Novum Theatrum Piedemontis et Sabaudiæ.* La Haye, 1726, 4 tomes en 2 vol. in-fol. max.

Cet ouvrage remarquable contient des plans et des vues des villes et des localités les plus remarquables des Etats du duc de Savoie, en deçà et au delà des monts, avec leurs descriptions.

Borgonio, auteur des « illustrations » du *Theatrum Sabaudiæ*, vint à Chambéry en avril 1674, porteur d'une lettre de Charles-Emmanuel II au syndic de cette ville, ainsi conçue:

 Très chers et bien amez et feaux,

« Le désir que nous avons d'embellir le livre de la description de nos Etats, que nous faisons imprimer en Hollande, des plans et perspectives des principales villes, places et châteaux qui se trouvent en chaque province, nous a convié à envoyer expressément en Savoie le secrétaire Borgonio, notre ingénieur, pour faire les dessins de celles au delà les monts.

« Ensuite de cette lettre qu'il vous remettra, vous le ferès accompagner par un homme capable pour le conduire aux endroits d'où il pourra mieux découvrir et observer tout ce qu'il y a de plus beau en notre ville de Chambéry et ses faubourgs, et lorsque le dessin sera achevé, lui ferès quelque présent pour sa peine, comme ont fait les principales villes de ce pays, et lui fournirès un homme pour l'accompagner jusqu'à une autre ville visita les travaux de la route des Echelles, en comprit toute l'importance et forma le projet d'y élever un monument à Charles-Emmanuel II qui, tout en servant à la gloire du monarque, lui procurât à lui-même honneur et profit. Il fallait, avant tout, se débarrasser de l'inscription qui portait le nom de Balland, et Borgonio sut peindre ce fait sous de telles couleurs que le duc écrivit au président de la Chambre des Comptes de vertement réprimander Balland, de faire supprimer son nom sur l'inscription des Echelles et de lui enlever la direction des travaux de la route. Voici la lettre d'excuses qu'écrivit Balland (¹) :

« A Chambéry, ce 17 juillet 1674.

« Monseigneur,

« C'est avec la plus grande mortification du monde que j'ai appris par M. le président De Challes les sentiments qu'on a imprimés à V. A. R. à mon préjudice,

---

où il devra aller pour le même sujet. Ce que nous assseurant que vous exécuterés avec plaisir, nous prions Dieu qu'il vous aye en sa saincte garde. De Turin le 20 avril 1674. »

Signé : « le duc de Savoie, roi de Chypre, etc. »

Le 11 mai suivant Borgonio avait terminé le plan et la perspective de Chambéry, et les syndics lui remirent vingt pistoles d'Italie (environ trois cents francs).

(1) *Pièces justificatives*, n° XCI. Nous croyons devoir reproduire en entier cette lettre, quoiqu'elle figure aux *Pièces justificatives*. Elle est caractéristique et donne bien idée des rapports qui existaient entre le prince et les exécuteurs des œuvres qui furent faites sous son règne.

concernant l'inscription de la Grotte, au bas de laquelle j'ai fait mettre mon nom, comme sujet et dépendant de V. A. R. qui m'avait honoré de cette commission par plusieurs de ses lettres. Je pourrais bien, pour ma justification, répliquer que je ne l'ai point fait de mon autorité propre, et j'aurais pu croire d'en avoir eu l'approbation de V. A. R., puisque dans les projets que j'avais envoyés, je l'ai toujours fait écrire de même qu'il est présentement sur la pierre. J'en ai encore une partie et deux lettres dont V. A. R. m'a honoré, l'une de Revel, du 15 août 1670(¹), et l'autre de la Vénérie, du 17 octobre suivant, par où elle me recommande de faire exécuter le dessin qu'elle me fit renvoyer par M. le comte de Marcenasq, et d'observer les annotations faites au pied de l'inscription imprimée. On ne me commanda pas de rayer ce malheureux nom, et plût à Dieu qu'il n'eusse jamais été au monde puisqu'il a déplu à V. A. R. Je pourrais encore ajouter que plusieurs autres, qui ont eu de pareilles directions à la mienne, l'ont pratiqué, et l'on m'assure qu'il y en a encore présentement d'écrits au long du chemin du col de Tende. Mais ce n'est pas une justification qu'il faut que je cherche, puisque d'avoir déplu c'est un crime. Oui bien, un très humble pardon que j'en demande en toute humilité à V. A. R.; je soumets volontiers et ma personne et mon honneur à tout ce qu'il

---

(1) Le 9 et le 24 août et le 25 octobre, Balland avait écrit au duc au sujet de l'inscription. Voir *Pièces justificatives*, nᵒˢ LXXXIV et LXXXV.

lui plaira d'en ordonner, pourvu que ma peine fasse ce cher pardon. Et je consens aussi que ce crime innocemment commis soit lavé par la plus sévère punition du monde. Si je l'avais cru, Monseigneur, je n'aurais pas eu l'effronterie de l'écrire encore dans la relation de ce travail que je remis au seigneur Bourgogne, avant son départ, pour la présenter à V. A. R., lequel ne me promit pas l'office qu'il m'a fait.

« Mais enfin c'est mon malheur que je sois sans ressources, si V. A. R. n'a la miséricorde de croire que je suis du meilleur de mon âme,

« Monseigneur,
« De V. A. R.

« Très humble, très obéissant serviteur, très soumis sujet, « Balland. »

Au mois d'août suivant, le pauvre Balland écrivait au duc pour lui demander pardon d'avoir, dans sa lettre précédente, fait allusion à Borgonio, dans les paroles « lequel ne me promit pas l'office qu'il m'a fait. » Il ne l'avait fait que pour se défendre. Le duc lui avait accordé son pardon, mais la pénitence qu'il lui imposait pour son « crime innocemment commis, » ne manquait pas d'un certain raffinement. Il était lui-même chargé de faire exécuter le projet que son rival et ennemi Borgonio avait conçu, et d'y faire graver l'inscription en l'honneur du duc où le nom, le malheureux nom de l'humble exécuteur des volontés de son souverain, ne devait plus figurer. Cette nouvelle inscription avait été composée par l'abbé Tesauro, célèbre latiniste. Nous la donnons dans les *Documents divers*.

Balland dut se soumettre. Son dévouement est si complet qu'en écrivant au duc, en août 1674 (¹), il lui promet de travailler à ce que cet ouvrage fut exactement fait. Il lui envoie une démonstration des proportions que doivent avoir les deux ordres qui composent « cet auguste dessin, » ayant compris par le projet envoyé par Borgonio que la pensée de S. A. R. était que l'ordre rustique d'en-bas devait être toscan, et que l'architecture d'en-haut devait être d'ordre ionique.

Nous ne pensons pas que Charles-Emmanuel II eût des idées aussi arrêtées sur les détails de l'architecture du monument qui devait lui être élevé. En attendant, il ne rendit pas à Balland le poste de directeur des travaux qu'il lui avait enlevé, et se contenta de lui donner quelques témoignages plus ou moins banals de sa confiance. Le 4 août 1674 (²), Balland lui écrivait qu'il avait eu bien de la consolation d'apprendre, par la lettre dont S. A. R. l'avait honoré, que ses ennemis n'avaient pas eu tout l'avantage qu'ils espéraient; que s'ils avaient réussi à détruire son nom, ils n'avaient rien pu faire contre sa conduite qui n'avait qu'un but, c'est de rencontrer la satisfaction de S. A. R. dans l'exécution des ordres qui lui avaient été donnés.

---

(1) *Pièces justificatives*, n° XCII.
(2) *Pièces justificatives*, n° XCIII.

Balland ne peut, cependant, s'empêcher de regretter que les témoignages de satisfaction que lui donne le duc ne puissent être connus « dans le lieu où chacun s'observe (¹). » Il était dur pour lui de penser que le public, le voyant privé de la direction de ces travaux qu'il avait depuis sept ans, ne pourrait attribuer cela qu'à quelque malversation ou infidélité qu'il aurait commise « ce qui est, dit-il, un coup assommant pour un homme d'honneur. »

Le 18 août 1874 (²), Balland écrit au duc que M. le patrimonial Divoley lui ayant remis le dernier dessin fait par Borgonio du monument à élever, pour calculer la dépense nécessaire à son exécution, il s'était fait faire une proposition par deux maîtres sculpteurs de Chambéry, qui offrent de le faire pour mille ducatons, au lieu de deux mille et cent, comme le demandait un autre sculpteur, maître Quénot. Ce fut, en effet, à ces deux sculpteurs, Devauge et Rumellin, les mêmes qui s'en étaient déjà occupés deux ans auparavant, que la construction du monument fut confiée pour le prix de mille ducatons, le 12 septembre 1674 (³).

Le 27 octobre suivant (⁴), les entrepreneurs avaient déjà mis la main à l'œuvre : on travaillait à l'architec-

---

(1) Balland fait probablement allusion au Sénat où il avait des ennemis.
(2) *Pièces justificatives*, n° XCIV.
(3) *Pièces justificatives*, n° CIX.
(4) *Pièces justificatives*, n° XCV.

ture et l'un des sculpteurs avait fait le modèle d'un des lions héraldiques qui soutenaient les armes ducales qui formaient le couronnement du monument. Il y eut cependant encore des retards et des modifications dans l'architecture et l'ornementation, car le monument ne fut à peu près achevé que vers la moitié du mois de mai 1675, un mois à peine avant la mort du duc Charles-Emmanuel II, qui succomba le 12 juin.

Ce ne fut cependant que vers la fin de l'année suivante qu'il put être reçu par la Chambre des Comptes, qui avait commis Me Deschamps, sculpteur, pour lui faire un rapport à ce sujet, rapport qui porte la date du 12 novembre 1676 (1).

Le monument, tel qu'il a été élevé et tel à peu près que nous le voyons encore aujourd'hui, — il n'y a que la partie supérieure qui ait disparu, — se compose d'un soubassement large de huit mètres environ et haut de cinq mètres et demi; les côtés se terminent par deux pilastres accouplés, d'ordre dorique, à bossages, comme tout le soubassement : il est surmonté d'une corniche se conformant aux saillies des pilastres. Au-dessus de ce soubassement se trouve l'inscription elle-même, flanquée de deux pilastres ornés de pendentifs sculptés, et entourée d'un encadrement à motifs également sculptés et moulurés. Ce second ordre, haut d'environ trois mètres et demi, se termine par une corniche de peu de saillie, se profilant suivant les

---

(1) *Pièces justificatives*, n° CXII.

pilastres à pendentifs, et aux angles de laquelle se trouvaient les naissances de deux portions de fronton circulaire dont on voit encore le départ de celle de gauche. C'est entre ces deux parties de fronton qu'étaient autrefois placées les armoiries de la Maison de Savoie supportées par deux lions héraldiques, et surmontées par un pavillon ou dais à larges draperies retombantes, retenues par des nœuds, au-dessus duquel dominait la couronne ducale fermée.

La hauteur totale du monument, tel qu'il subsiste actuellement, est de neuf mètres. Quant aux armoiries et au dais qui ont disparus, si nous nous en rapportons au dessin de Borgonio qui figure dans le *Theatrum Sabaudiæ*, cette partie du monument devait avoir plus de six mètres d'élévation, de sorte que l'ensemble était haut de plus de quinze mètres.

La pierre qui a servi à la construction paraît provenir des carrières de la localité : celles de Couz sont exploitées de temps immémorial. Sa nature n'est pas indiquée dans le cahier des charges inséré dans les contrats du 16 août 1672 et du 12 septembre 1674 : il est simplement prescrit dans ce dernier qu'on devra choisir de la pierre blanche et très solide, et écarter tout mélange de pierre rouge ou malsaine.

Comme nous l'avons vu, les travaux, quoique en grande partie payés d'avance, durèrent fort longtemps. Ce ne fut que le 22 novembre 1676 [1], qu'ils furent reçus

---

[1] *Pièces justificatives*, n° CXII.

par la Chambre des Comptes, sur le rapport de maître Nicolas Deschamps, sculpteur et architecte de S. A. R., délégué par la Chambre. Celui-ci reconnaît que le monument a été exécuté conformément au dessin annexé au contrat passé avec les sculpteurs Devauge et Rumellin, et aux clauses y insérées. Il fait bien quelques critiques sur « les plis et replis du pavillon, sur les nœuds d'icelui qui ne sont pas autant proportionnés que ceux portés par le dessin, sur le fronton qui n'est pas bien posé dans sa place, etc. » Néanmoins, il conclut que ces petites défectuosités n'empêchent pas que le travail ne soit pas bien fait. Il trouve seulement, mais ceci est une critique du projet de Borgonio, que l'ordre inférieur paraît trop petit à l'égard de celui qui est dessus.

Avant même que ce procès-verbal de réception d'œuvre eût été fait, le 17 juin 1676, Devauge et Rumellin avaient reçu pour solde de leur travail la somme de 5,788 florins, en plus de celle qui était portée par leur contrat.

Le style du monument est assez élégant, c'est de la renaissance italienne presque pure; Juvara, qui fut l'architecte favori du successeur de Charles-Emmanuel II, n'avait pas encore inondé les Etats de la Maison de Savoie d'œuvres d'un goût moins choisi. Sauf les portions de fronton circulaire qui appartiennent déjà à une époque de décadence architecturale, on ne peut nier les bonnes proportions des deux ordres qui constituent l'ensemble du monument. Si le pavillon, qui surmontait les armoiries, était conforme au dessin de Borgonio qui figure au frontispice du *Theatrum Sabaudiæ*, il devait être d'un aspect singulièrement lourd et écraser les parties inférieures, ce qui justifierait le reproche que fait le sculpteur Deschamps dans son rapport.

L'élégance même des proportions du monument, la finesse des moulures et des sculptures font un contraste avec le grandiose de la masse des rochers contre lesquels il est adossé : cela le fait paraître à tous moins grand qu'il ne l'est réellement. Dans son état primitif, la couleur de la pierre neuve et fraîchement taillée faisait détacher le monument des rochers qui le surplombent, mais actuellement, envahi par la végétation parasite et sali par les pluies, il se confond avec eux et n'attire pas les regards.

Quoi qu'il en soit, il serait vivement à désirer que le monument de Charles-Emmanuel II fut, sinon remis dans l'état où il était avant la Révolution, époque à laquelle toute la partie supérieure où se trouvaient les armoiries de la Maison de Savoie fut détruite, au moins réparé et entretenu en bon état. En 1803, sous le Consulat, M. Verneilh, préfet du département du Mont-Blanc y fit faire les travaux de restauration les plus urgents, ainsi que le témoignait une inscription aujourd'hui disparue ; mais depuis l'ouverture du tunnel commencé par Napoléon Ier, la route de Charles-Emmanuel II ayant été abandonnée, on l'a laissé dépérir, se dégrader par les intempéries, et envahir par la végétation. Il serait regrettable que le seul souvenir qui reste de la mémorable entreprise du dernier des ducs de Savoie finisse par disparaître (¹).

---

(1) Au moment où paraît cette notice, des travaux de restauration du monument et de la route ont été entrepris par l'initiative de la Société des Grottes des Echelles, aidée par les subventions des princes de la Maison de Savoie.

VII.

Etat actuel de la route des Echelles : La percée de Napoléon Ier; — les Grottes; — les gorges du Guiers; — les routes de la Grande-Chartreuse ; — le chemin de fer de Chambéry au Pont-de-Beauvoisin.

Nous ne saurions terminer cette étude sur la construction de l'ancienne route des Echelles, sans y ajouter une description de l'état dans lequel elle se trouve actuellement.

En sortant de Chambéry, par la route de Lyon, on franchit une première fois l'Hyère, à Cognin, sur un pont de construction récente : le pont sur lequel on passait autrefois se trouve à une centaine de mètres en amont. C'est près de Cognin qu'existait, sur la route qui traversait le col d'Aiguebelette, le château de Curinte (maintenant asile des Sourds-Muets, connu sous le nom de Corinthe), où, le 27 avril 1665, les marquis de Ville et de Tane, représentant le duc Charles-Emmanuel II, avec un grand nombre de carrosses à six chevaux, remplis de dames, allèrent attendre la princesse Jeanne-Baptiste de Savoie-Nemours qui épousait le duc. Elle arrivait par la route qui du Pont-de-Beauvoisin venait à Chambéry par la Bridoire, le col d'Aiguebelette et Saint-Sulpice.

C'est à deux kilomètres plus loin qu'on traverse de nouveau l'Hyère sur le pont Saint-Charles : c'est ce pont dont nous avons parlé précédemment et qui fut construit par Balland en 1670. Il est maintenant dominé par un gigantesque pont métallique sur lequel passe le chemin de fer qui va de Chambéry à Lyon par Saint-André-le-Gaz. On peut ainsi comparer l'œuvre modeste et pourtant gracieuse de Balland avec un des spécimen de l'industrie métallurgique moderne. Dans quelques centaines d'années, le pont Saint-Charles existera encore tel que nous le voyons aujourd'hui, tandis que le viaduc du chemin de fer, auquel son mode même de construction ne donne qu'une vie limitée, aura peut-être plusieurs fois changé de forme, s'adaptant aux progrès incessants de l'industrie.

A partir du pont Saint-Charles, la gorge commence à se resserrer : à droite se trouvent les collines que domine le clocher de Vimines, chargées de vignobles ; à gauche se dressent à quelque distance les ruines du couvent de Saint-Claude, dont quelques tours subsistent encore. A deux kilomètres du pont Saint-Charles on rencontre la cascade de Couz (¹) et la station

---

(1) « Plus près de Chambéry j'eus un spectacle semblable en sens contraire. Le chemin passe au pied de la plus belle cascade que je vis de mes jours. La montagne est tellement escarpée,

du chemin de fer qui en prend le nom. Cette cascade, si belle il y a quelques années, et qui émerveillait J.-J. Rousseau, a bien perdu maintenant de son pittoresque. Sa hauteur a diminué d'une dizaine de mètres depuis que les eaux, qui auparavant se détachaient nettement du rocher et permettaient aux curieux de passer à peu près à sec derrière la nappe d'eau qui en tombait, se sont creusé une autre issue vers la gauche. Ce n'est que quand les eaux sont très abondantes qu'une partie se jette encore dans l'ancien lit et donne l'idée de ce qu'était la cascade lorsque J.-J. Rousseau la vit. D'un autre côté, les déblais du chemin de fer ont élevé à la droite un énorme talus de débris noirâtres qui rapetisse encore la hauteur apparente de la chute.

Telle qu'elle est cependant, la cascade de Couz, quand les pluies ont grossi les eaux, est encore d'un effet saisissant pour le voyageur qui vient de Lyon à Chambéry, et qui, peu de minutes après avoir traversé le tunnel de l'Epine, voit cette masse d'eau bondir du haut des rochers contre lesquels le chemin de fer paraît devoir se buter.

---

que l'eau se détache net et tombe en arcade assez loin pour qu'on puisse passer entre la cascade et la roche, quelquefois sans être mouillé : mais si l'on ne prend bien ses mesures, on y est aisément trompé, comme je le fus ; car, à cause de l'extrême hauteur, l'eau se divise et tombe en poussière, et lorsqu'on approche un peu trop de ce nuage, sans apercevoir d'abord qu'on se mouille, à l'instant on est tout trempé. »

(J.-J. Rousseau, *Confessions*. Part. I. Liv. IV.)

C'est à deux kilomètres au delà de la cascade de Couz que l'on rencontre, près d'une localité appelée les Prères, ces marais de la Corbière qui donnèrent à Balland tant de peine pour l'établissement de la route. Il y avait là autrefois un pont qui était une des limites des « Franchises » accordées le 4 mars 1232 à la ville de Chambéry par Thomas, comte de Maurienne [1]. Au moyen-âge la justice de Chambéry y faisait exposer des têtes et des quartiers des suppliciés.

A un kilomètre se trouve l'auberge où était installé le relais de poste, quand la route était parcourue par les courriers et les diligences. Ce point est à peu près à moitié chemin entre Chambéry et les Echelles. On ne tarde pas à arriver au village de Saint-Thibaud-de-Couz, le plus important de la vallée. A droite s'élèvent les pentes abruptes et peu boisées du Mont-Grelle, et à gauche la chaîne plus accidentée que couronnent les cimes du Corbelet, du Mont-Hautheran et de la Cochette. Le village de Saint-Thibaud-de-Couz est à dix kilomètres de Chambéry; plus loin on rencontre le hameau du Gros-Louis, au delà duquel on franchit pour la troisième fois l'Hyère sur un pont appelé le Pont-Manqué, probablement à cause de sa situation oblique au pied d'une descente rapide, ce qui a causé

---

(1) L'original des *Franchises* de la ville de Chambéry se trouve aux archives de cette ville. Il est en très bon état, et consiste en une feuille de parchemin de cinquante-six centimètres sur trente-deux. Il a été reproduit en entier dans le « *Chambéry à la fin du XIVe siècle*, » de T. Chapperon. Paris, Dumoulin éditeur. 1863.

parfois des accidents à l'époque où de nombreuses voitures parcouraient cette route.

On ne tarde pas à arriver au point culminant de la montée qui se trouve près de l'auberge du Cheval-Blanc, à quelque distance du village de Saint-Jean-de-Couz dont on voit le clocher à gauche de la route. Ce point culminant est à la cote 625^m au-dessus du niveau de la mer, à seize kilomètres de Chambéry : on s'est donc élevé de trois cent cinquante mètres depuis qu'on a quitté cette ville.

A partir du Cheval-Blanc on descend pendant près de trois kilomètres, à travers des mamelons boisés, par une route qui s'en va en serpentant et en s'enfonçant dans une gorge de plus en plus sombre jusqu'à l'entrée de la galerie (1) que Napoléon Ier fit commencer pour pénétrer dans la vallée des Echelles en évitant la route de Charles-Emmanuel II, dont les pentes considérables et le peu de largeur rendaient le parcours difficile. Cette percée fut terminée par le gouvernement Sarde et inaugurée en 1820. C'est une

---

(1) Le projet de la galerie des Echelles fut dressé en 1800, par Reineri, conducteur principal des ponts et chaussées, sous les ordres de M. Mongenet, ingénieur en chef du département. Les travaux furent commencés le 9 vendémiaire, an XIII (1804). Ils furent continués jusqu'au mois de septembre 1805, puis repris à la fin d'avril 1812, sous la direction de M. Polonceau, qui avait remplacé M. Mongenet. Le 15 août 1813, les mineurs qui travaillaient de chaque côté se rejoignirent, mais ce ne fut que dans le courant de l'année suivante que la galerie fut entièrement terminée : il se passa encore quelques années avant que les abords du côté des Echelles fussent complétés et qu'on pût l'utiliser.

œuvre considérable pour l'époque : ce tunnel a 308 mètres de longueur sur 8 de largeur et de hauteur; il est éclairé par des lanternes de distance en distance, et muni de maisons de gardiens à ses deux entrées. Les voyageurs qui le parcourront, jouiront de la vue du merveilleux panorama de la vallée des Echelles que l'on découvre à son débouché ouest.

A gauche de l'entrée de la percée de Napoléon Ier (1) commence le défilé que traversait l'ancienne route de Charles-Emmanuel II. C'est une profonde fissure dans les rochers, bordée à droite et à gauche par des escarpements qui ont été plus ou moins élargis et régularisés soit à l'époque romaine, soit quand on construisit la route de Charles-Emmanuel II. Il y a cependant quelques traces de culture et de petits jardins étagés, sur la droite, près de la maison du gardien de la percée. A deux cents mètres environ du commencement de la descente, qui à cet endroit n'est pas très rapide, on voit sur la gauche une assez vaste cavité au fond de laquelle se trouve une porte en fer qui donne accès à une grotte qui a récemment été rendue accessible, et aménagée de manière à ce que la visite en soit facile. Son entrée était autrefois tellement basse et étroite qu'il fallait ramper et se traîner pendant une quinzaine de mètres pour pénétrer dans l'intérieur. Elle a été élargie et agrandie, et on parvient à une salle qui donne accès à deux couloirs. Celui de droite, très en

---

(1) C'est à M. A. Perrin que nous avons emprunté une bonne partie de la description des lieux qui va suivre.

pente et très surbaissé, n'a pas permis aux explorateurs, même quand les eaux sont très basses, de dépasser une centaine de mètres. Celui de gauche, plus large et plus haut, conduit, en suivant des contours capricieux, aux voûtes tantôt s'élevant, tantôt s'abaissant, couvertes de riches stalactites, à une grande salle triangulaire dont le sol est en pente assez rapide et dont une des parois est tapissée d'une immense dentelle blanche du plus bel effet. En continuant à descendre, on arrive à un point où le couloir se divise en deux branches qui se réunissent ensuite et aboutissent à un étranglement en partie comblé par les sables entraînés par les eaux. Probablement, quand on aura élargi ce passage, trouvera-t-on d'autres grottes. Le rocher en est tout percé, et à près de deux kilomètres de là, vers les bords du Guiers, on a trouvé l'entrée d'une autre grotte dans laquelle on a pu pénétrer à plus de trois cents mètres : on a même un moment espéré que les deux grottes se réuniraient.

C'est de cette première grotte que sortent, en temps de pluie, en assez grande abondance, les eaux qui, autrefois, se jetaient sur la route et la ravinaient. C'est pour détourner ces eaux que fut construit à l'époque romaine et rétabli par Madame Royale, en 1649 ([1]), le mur qui longe la route à droite pendant près de trois cent cinquante mètres. En outre, le côté gauche et les autres parties de la route doivent être sillonnés de

---

(1) *Pièces justificatives*, n° C.

canaux de décharge dont on a récemment retrouvé des traces, car à l'époque où fut construite la route de Charles-Emmanuel II, il est fréquemment question, dans les pièces qui sont aux archives de la Chambre des Comptes, de travaux de ce genre.

Bientôt la pente augmente et atteint en certaines parties jusqu'à dix pour cent. C'est là que se trouvait le lieu appelé le dos-d'âne, souvent cité dans les contrats passés pour l'exécution de la route : on en devait adoucir la pente, mais sans cependant trop s'approfondir, ce qui eût laissé en l'air le mur de Madame Royale. Les rochers qui dominent s'élèvent et se resserrent; ils prennent parfois un aspect fantastique. Quand le temps est pluvieux, des rigoles d'eau dégouttent des parois latérales, un brouillard pénétrant envahit le sombre passage, et on hâte le pas pour échapper à l'impression de tristesse qui règne autour de vous. Même par le plus beau temps, on ressent dans ce passage grandiose comme une morne impression de terreur [1]. Elle devait être moindre sans doute, quand les diligences et les courriers, les chariots pe-

---

[1] « Ils arrivèrent au pied des montagnes qui séparent le Dauphiné de la Savoie, et montèrent à pied ce qu'on appelle le Pas-des-Echelles : c'est une route pratiquée dans le roc, et dont l'entrée ressemble à celle d'une profonde caverne ; elle est sombre dans toute sa longueur, même pendant les plus beaux jours de l'été... Toute la route était couverte de feuilles mortes, que le vent y avait apportées, car il n'existait point d'arbres dans ce chemin rocailleux, et près des débris de la nature flétrie, on ne voyait point les rameaux, espoir de l'année suivante. »

(Madame de Staël, *Corinne*, liv. 19, chap. V).

samment attelés, les voitures de poste et les voyageurs la parcouraient, quand retentissaient les joyeux éclats du fouet des postillons; mais aujourd'hui, que le bruit des pas du touriste vient seulement de temps en temps réveiller les échos endormis, on peut à peine échapper à une certaine impression de tristesse.

Vers l'extrémité du mur de Madame Royale s'ouvre, à droite, l'entrée de la Grotte où ce mur rejette les eaux qu'il a conduites jusque là. C'est la caverne naturelle, citée par tous les écrivains qui ont parlé du passage des Echelles. Balland en dit quelques mots dans sa lettre au duc, du 3 novembre 1668. C'est par cette caverne, comme nous l'avons dit, que la légende locale faisait passer les porteurs de marchandises qui gravissaient des échelles fixées à l'entrée et dans l'intérieur, légende dont nous avons démontré le peu de fondement. On ne trouve d'ailleurs aucune trace visible des crampons qui auraient retenu ces échelles, si jamais elles avaient existé. On monte maintenant à l'entrée de cette caverne par quelques marches, et on la parcourt en entier par une galerie en encorbellement récemment placée par les soins de la Société qui s'est formée à Chambéry, dans le but de rendre accessible aux visiteurs les curiosités naturelles du passage des Echelles. On trouve d'abord une vaste salle qui sert de vestibule, puis un couloir qui aboutit à un escarpement d'une vingtaine de mètres de hauteur, duquel, quand les eaux sont grosses, se précipite une cascade retentissante d'un effet singulier. De là on traverse une grotte de vastes proportions, où on commence à revoir la lueur du jour qui y pénètre d'abord d'une cassure latérale de la vaste coupole, et ensuite du débouché même de la caverne. En sortant, on longe le rocher à l'extérieur et on redescend sur la route, à quelques pas du monument de Charles-Emmanuel II.

Quand on sort de la Grotte par une belle journée, et que le soleil illumine la plaine des Echelles, l'effet est saisissant, et il n'y a pas de visiteur qui n'en subisse l'étrange impression. On vient de parcourir la première grotte médiocrement éclairée par les bougies que portent les voyageurs, on a traversé ensuite l'étroite fissure où passe la route et où les rayons du soleil ne peuvent jamais pénétrer, on s'est lentement promené dans l'immense caverne aux recoins mystérieux, éclairée de temps en temps par quelque fugitive flamme du Bengale, ou par quelque rapide éclair de magnésium; l'œil s'est peu à peu habitué à la demi-obscurité qui contraste avec ces éclairages artificiels, quand tout à coup on débouche sur la vallée des Deux-Guiers, inondée de lumière. Au pied de la paroi presque verticale qui domine le village de Saint-Christophe-la-Grotte, dont on voit le clocher à une quarantaine de mètres au-dessous de soi, s'étend la plaine riante et bien cultivée des Echelles. Plus loin, sur la gauche, on distingue le village de Saint-Christophe-Isère, dominé par les collines de Berlan, et plus haut par les montagnes de la Grande-Chartreuse. A l'horizon, Saint-Laurent-du-Pont, situé à l'entrée de la vallée du Guiers-Mort, dans le massif de la Chartreuse : son église monumentale et la chapelle au-dessus se détachent sur le fond sombre des montagnes garnies de forêts de hêtres et de sapins. Au milieu, le bourg des Echelles et le village d'Entre-Deux-Guiers, dominés par les riantes collines de Miribel. Sur la droite enfin on entrevoit la coupure que suit le Guiers après la réunion des deux Guiers, Vif et Mort, un peu au-dessous du bourg des Echelles. C'est là que se trouve le défilé de Chailles, dont nous avons plusieurs fois parlé (¹), un peu avant d'arriver à la station de Saint-Beron. Sur la droite des Echelles on voit un rocher peu cultivé et abrupt, sur lequel se trouvent plusieurs points couverts de ruines et de vieilles murailles. C'est là que se trouvait anciennement le château des Echelles, détruit

---

(1) « Non loin d'une montagne coupée qu'on appelle le Pas-de-l'Echelle, au-dessous du grand chemin taillé dans le roc, à l'endroit appelé Chailles, court et bouillonne dans des gouffres affreux une petite rivière qui paraît avoir mis à les creuser des milliers de siècles. On a bordé le chemin d'un parapet pour prévenir les malheurs : cela faisait que je pouvais contempler au fond et gagner des vertiges tout à mon aise, car ce qu'il y a de plaisant dans mon goût pour les lieux escarpés, est qu'ils me font tourner la tête, et j'aime beaucoup ce tournoiement, pourvu que je sois en sûreté. Bien appuyé sur le parapet, j'avançais le nez et je restais là des heures entières, entrevoyant de temps en temps cette écume et cette eau bleue dont j'entendais le mugissement à travers les cris des corbeaux et des oiseaux de proie qui volaient de roche en roche et de broussaille en broussaille, à cent toises au-dessous de moi. Dans les endroits où la pente était assez unie et la broussaille assez claire pour laisser passer des cailloux, j'en allais chercher au loin d'aussi gros que je les pouvais porter, je les rassemblais sur le parapet en pile ; puis les lançant l'un après l'autre, je me délectais à les voir rouler, bondir et voler en mille éclats avant que d'atteindre le fond du précipice. »

(J.-J. Rousseau. *Confessions*. Partie I, livre IV).

par Lesdiguières. Plus à droite encore se trouve l'entrée de la vallée qui conduit à Saint-Pierre-de-Genebroz et aux eaux de la Bauche, puis à Aiguebelette et à la région connue autrefois sous le nom de Petit-Bugey.

La grotte que nous allons quitter a une autre légende plus moderne que celle des Echelles, et dont nous ne pouvons constater la véracité, c'est d'avoir souvent servi de refuge au fameux Mandrin (1).

En redescendant on se trouve sur un plateau étroit, borné par un énorme rocher isolé, et bientôt on se retrouve sur la route. En se retournant on voit l'entrée méridionale du défilé des Echelles, et on peut le remonter d'une centaine de pas pour en voir la partie que l'on n'a pu visiter en traversant la Grotte.

---

(1) Louis Mandrin, fameux chef de contrebandiers et de voleurs, quand il se trouvait serré de trop près par les troupes royales françaises, se réfugiait en Savoie. Dans la nuit du 11 mai 1755, cinq cents hommes du régiment de la Morlière, en garnison au Pont-de-Beauvoisin, avertis par une femme, allèrent le saisir à quelques kilomètres de là, sur le territoire savoyard, au château de Rochefort, près de Sainte-Marie-d'Alvey (à une vingtaine de kilomètres au nord des Echelles). Le 26 août il fut roué vif à Valence. Tout en faisant de vives réclamations au gouvernement français pour la violation du territoire savoyard, le roi Charles-Emmanuel III se plaignit au Sénat de ce que Mandrin n'eût pas été arrêté plus tôt : il donna l'ordre d'instruire contre ses adhérents aux Echelles et à Saint-Genix. Le comte de Noailles fut envoyé à Turin, en ambassade extraordinaire, pour s'excuser sur l'intérêt public de la violation du territoire. Le gouvernement français paya 35,000 livres de dommages à divers particuliers d'Avressieux et de Rochefort.

Dans la commune de Barby, près de Chambéry, existe un énorme chêne que la légende veut aussi avoir servi de refuge à Mandrin.

La pente de cette partie de la route est très forte : elle varie de dix-sept à dix-huit pour cent (¹).

C'est à ce point que commencent les énormes murs de soutènement sur lesquels repose la route. Ils sont en parfait état de conservation et s'élèvent de près de vingt mètres au-dessus des premières pentes qui descendent au village de Saint-Christophe. Là se trouvait le « Grand Escallier » les gradins dont parle Balland dans sa lettre du 25 octobre 1668, et dont on retrouve probablement les traces dans l'intérieur du canal d'écoulement des eaux qui débouche au pied du mur de soutènement. La route est dominée par les parois verticales du rocher qui se dresse à plus de cent cinquante mètres au-dessus de la vallée : c'est à un détour, vers le milieu du mur de soutènement, que se trouve le rocher appelé le Pilon, plusieurs fois cité dans les documents relatifs à la construction de la route (²).

---

(1) Dans sa lettre du 28 juillet 1668 au duc, Balland, parlant des pentes à donner à la route en construction, les évalue au 12 1/2 et au 14 1/2 pour cent. L'erreur qu'il commet était-elle volontaire, ou des motifs d'économie l'obligèrent-ils à augmenter la pente ?

(2) « On voit au-dessus du chemin en corniche qui descendait de l'ancien défilé de la Grotte, jusque dans la plaine des Echelles, un énorme rocher perpendiculaire nommé le Pilon de la Grotte, qui est entièrement détaché du massif, et menace le village de ce nom d'une destruction plus ou moins éloignée. L'interstice qui sépare ce rocher du reste de la montagne s'augmente graduellement par la dilatation des glaces qui s'y forment en hiver, et j'ai entendu des vieillards assurer que cet intervalle s'était augmenté de plusieurs pieds dès le temps de leur jeunesse. »

(De Vignet, *Mémoires de l'Académie de Savoie*, t. XI, p. 367.)

A partir de ce rocher la pente commence à diminuer, et à quatre cent et quelques mètres du monument de Charles-Emmanuel II, les murs de soutènement ayant cessé, on trouve un élégant chalet-restaurant récemment construit à l'endroit même où s'élevait autrefois une « hostellerie » dont parle Balland dans sa lettre au duc du 28 juillet 1668. Elle se trouvait au pied de la montée et on en voit encore quelques substructions (¹).

En continuant à suivre cette route dans la direction du midi, on arrive à un groupe de maisons auprès desquelles se trouve le commencement d'un sentier qui s'élève rapidement sur les pentes du rocher qui domine au couchant la plaine des Echelles, et au sud le cours du Guiers-Vif. A deux cents mètres de son entrée dans la route, ce sentier se bifurque : il s'est déjà élevé d'une cinquantaine de mètres. Le rameau de droite continue à monter jusqu'à un curieux passage qu'on appelle la Porte-d'Enfer : de là il redescend, et en se maintenant toujours à une quarantaine de mètres au-dessus du fond de la fissure où passe le Guiers-Vif, il arrive, après un kilomètre environ de

---

(1) C'est en face de ce chalet que se trouve, à une assez grande hauteur, dans la paroi verticale du rocher, l'ouverture d'un couloir qui se prolonge dans l'intérieur : cette ouverture, élargie et régularisée au pic et au ciseau, est actuellement inaccessible, et on ne comprend pas comment on a pu y arriver autrefois, à moins qu'une portion du roc située en avant, ne se soit éboulée jadis. La configuration du terrain au-dessous paraîtrait confirmer cette supposition.

parcours, à l'entrée de la Grotte dont nous avons parlé, et qui s'ouvre à une centaine de mètres du torrent. Cette partie du sentier longe des bois qui dominent le Guiers.

Le rameau de gauche, après la bifurcation du sentier, monte très rapidement et en zig-zag le long du rocher : à trois cents mètres environ du point de bifurcation, il s'est élevé de plus de soixante mètres. Il continue ensuite presque horizontalement en se maintenant environ à cent trente mètres au-dessus du Guiers-Vif, dont il suit le cours. C'est là ce chemin de l'*Echaillon* que M. Antonin Macé (1) et M. A. Perrin croient avoir servi de communication entre la vallée des Echelles et celle de Couz, avant la construction de la route de Charles-Emmanuel II. Une partie de la montée, depuis le point de bifurcation jusqu'au plateau supérieur, se fait, en effet, par de larges gradins qui pourraient, à la rigueur, être parcourus à la montée et à la descente par des bêtes de somme, mais ils sont presque partout trop étroits pour que deux mulets de bât chargés puissent s'y contrepasser (2).

En revenant au point de départ du sentier dont nous venons de décrire les deux branches, et en continuant à suivre la route vers le sud, à une centaine

---

(1) *Documents*, n° CXX.
(2) En 1815, lors des combats qui eurent lieu sur ce point entre les troupes françaises et autrichiennes, une partie du chemin de l'*Echaillon* fut détruite par ces dernières : elle fut rétablie il y a quelques années par les gens du pays auxquels cette communication offrait quelque utilité.

de mètres, on traverse le Guiers-Vif sur un pont récemment construit, en amont duquel se trouve à peu de distance l'ancien pont Saint-Martin dont l'arche se reflète dans les eaux profondes et bleues du torrent. Sur le rocher de la rive gauche on voit encore la croix des Hospitaliers de Saint-Jean-de-Jérusalem, dont il existait une commanderie aux Echelles, et un grand écusson qui doit être celui d'un commandeur; l'ordre était autrefois propriétaire de la gorge du Guiers, des bois et des prairies environnantes.

Les gorges du Guiers, dans lesquelles on ne peut pénétrer qu'à peu de distance, sont merveilleusement pittoresques. On peut dire qu'elles s'étendent jusque près de Saint-Pierre-d'Entremont, sur une longueur de plus de sept kilomètres, et quand on pourra en parcourir une partie, soit au moyen de galeries en encorbellement, soit au moyen de sentiers coupés dans le rocher, on verra là quelque chose de plus beau que les fameuses gorges du Fier, et même que celles de la Diosaz et de Trient.

En traversant le pont Saint-Martin et en continuant dans la même direction, on arrive au village de Saint-Christophe-Isère, d'où on rejoint en quelques minutes la route qui conduit à Saint-Laurent-du-Pont et de là à la Grande-Chartreuse, par Fourvoirie et le Désert. On peut aussi remonter sur le plateau de Berlan, d'où, en suivant la nouvelle route du Frou qui longe la vallée du Guiers-Vif, on arrive à Saint-Pierre-d'Entremont. A droite de cette route s'ouvrent quelques-uns des plus beaux passages qui mènent à la Grande-

Chartreuse : le col de la Ruchère, le col de Bovinant et la forêt des Epars, le col de Cucheron et Saint-Pierre-de-Chartreuse. Cette dernière route peut se faire entièrement en voiture.

En revenant sur nos pas, si, au lieu de remonter vers le chalet-restaurant dont nous avons parlé plus haut, on se dirige vers le village de Saint-Christophe-la-Grotte, et qu'on le traverse, on rejoint bientôt la route nationale qui descend aux Echelles. En la remontant, on rencontre peu après de grandes usines où se fabriquent des briques réfractaires renommées. Il faut s'arrêter à quelques centaines de mètres plus loin : de là on voit parfaitement la rampe et les murs de soutènement de la route de Charles-Emmanuel II, l'entrée de la caverne qui domine le village de Saint-Christophe, le toit rouge du chalet-restaurant et la profonde fissure où coule le Guiers-Vif. On peut alors se rendre facilement compte du gigantesque travail mené à bonne fin par Balland.

Plus haut, après avoir traversé un petit torrent qui descend des pentes occidentales du Mont-Grelle, on arrive à l'entrée ouest de la percée de Napoléon Ier. De la plate-forme qui la précède, formée des débris provenant de la percée dont les talus stériles descendent jusque près du village de Saint-Christophe, on jouit de la même vue que nous avons décrite précédemment à la sortie de la caverne qui domine ce village. Elle est plus étendue, puisque le point d'où on la contemple est plus élevé d'une soixantaine de mètres.

En traversant la percée, on se retrouve à l'entrée

de la gorge que parcourt la route de Charles-Emmanuel II.

Le chemin de fer de Chambéry à Lyon, par Saint-André-le-Gaz, permet de prendre d'autres routes pour arriver aux Echelles que celle que nous avons décrite. En partant de Chambéry, la première station que l'on rencontre est celle de la Cascade. A peu de distance on traverse le tunnel de l'Epine, long de 3,062 mètres, on débouche dans la vallée d'Aiguebelette, et on arrive à la station de Lépin, située à 8 kilomètres et demi de la station de la Cascade. De la station de Lépin on peut se diriger sur le bourg des Echelles en passant par le village de la Bauche, où se trouvent des eaux ferrugineuses qui ont une grande réputation. Il y existe un établissement de bains et un hôtel qui ont été fondés il y a peu d'années, et dont l'ouverture du chemin de fer augmentera la prospérité. Le bourg des Echelles est situé à quatorze kilomètres de la station de Lépin.

La station suivante est celle de Saint-Beron, à huit kilomètres des Echelles, où on arrive en remontant le cours du Guiers et en passant par le défilé de Chailles dont il a souvent été question. Quand on vient de Lyon, c'est à cette station qu'il convient de s'arrêter; il y existe actuellement un service de voitures pour aller à la Grande-Chartreuse, qui passe par les Echelles. Des Echelles au chalet-restaurant des Grottes, il y a un kilomètre environ.

PIÈCES JUSTIFICATIVES

ET

DOCUMENTS DIVERS

PIÈCES JUSTIFICATIVES ET DOCUMENTS DIVERS

I

— 8 novembre 1266 —

Donation de Béatrix de Savoie, veuve de Raymond-Bérenger IV, comte de Provence, à l'ordre des Hospitaliers de Saint-Jean de Jérusalem. (1)

In nomine Sanctæ & indiuiduæ Trinitatis, Patris, & Filii, & Spiritus Sancti, Amen.

Quæ in tempore fiunt, ne labentur cum tempore, solent linguæ testium, aut scripturæ testimonio peremnari. Quapropter nouerint vniuersi prœsentes, & posteri, quod **Nos Beatrix**, Relicta inclytæ recordationis Domini **Raymondi Berengarii, Comitis Prouinciæ**, diem extremi examinis cupientes, & nunc operibus prœuenire, & æternorum intuitu seminare in terris, quod multiplicato

---

(1) La donation de Béatrix de Savoie a été reproduite par Guichenon *(Preuves de l'Histoire généalogique de la Royale Maison de Savoie,* page 65) d'après un extrait qui se trouve maintenant aux archives de l'Economat général des Bénéfices vacants, à Turin. Dans les Archives Camérales de Turin, il existe un extrait, identique à celui de Guichenon, inséré dans un volu-

fructu in Cœlis, Deo propitio, recolligere valeamus, attendentes quod qui seminat (in benedictionibus), & de benedictionibus, metet vitam æternam : sic in remedium, & salutem animæ meæ, ac felicis memoriæ Dominæ nostræ Matris, & Domini (nostri) Comitis antedicti, & progenitorum, seu prædecessorum nostrorum, ad laudem, & gloriam **Dei** Omnipotentis, & Gloriosæ Virginis Mariæ, ac Beati Joannis, & Sanctorum Omnium, de parte talenti nobis crediti duximus ordinandum, disponentes & inuiolabiliter observare præcipientes, in perpetuum prout inferius continetur.

Donamus igitur purâ mente & irreuocabili voluntate concedimus **Hospitali Sancti Joannis Jerosolimitani** & Domino **Ferando de Baralio**, Maiori Præceptori Hospitalis, citra mare recipienti nomine prefati Hospitalis, Castrum, Iurisdictionem, merum Imperium, sive mixtum & Dominium, ac Seignoriam **De Scalis**, Gratianopolitanæ Diocesis, & territorii sui, sive districtus, cum pertinentijs vniversis, prouentibus, fructibus seu redditibus, & alijs appenditijs, sive in militibus,

---

me manuscrit d'écrits ecclésiastiques intitulé : *Scritture diverse relative a fondazioni di monasteri, abazie, vescovati, raccolte dal Cac. Pancalbo.*

La version que nous en donnons ici provient d'une copie existant aux archives de l'ancien Sénat de Savoie, maintenant de la Cour d'appel de Chambéry; elle est plus complète que celles de Guichenon et de Pancalbo; nous avons mis entre parenthèses les passages qui se trouvent dans la copie du Sénat de Savoie, et qui n'existent pas dans les autres. Nous citerons notamment le dernier paragraphe relatif aux visites que devait faire l'évêque de Grenoble, visites qui furent fréquemment effectuées, comme il résulte du *Recueil des visites pastorales* qui existe aux archives de l'Evêché.

domicellis, vel in eius hominibus quibuscumque, sive in domibus, terris, pratis, & alijs possessionibus, seu tenementis, furnis, molendinis, nemoribus, pascuis, siluis vel saltibus, aquis, ripis, ripaticis, piscationibus, tractis, venationibus, laudimijs & trezenijs, bannis, iusticijs, censibus, servicijs, tallijs sive quœstis, mercatis, leidis, rationibus, & alijs quibuscumque, quocumque modo vel nomine censeantur, prout nos habemus, tenemus, & possidemus, aut habere, tenere, & possidere debemus, vel visæ sumus habere, exceptis his quæ ad Domum Carthusiensem, & Fratres eius pertinent, quibus nullum intendimus præiudicium generare, nec in donatione huiusmodi concludere, quo ad aliqua quæ teneant vel possideant, aut tenuerunt, seu possiderunt in Dominio & Seignoria **Castri De Scalis** & territorij, seu Mandamenti, & districtus eiusdem.

Donamus inquam, & concedimus tali modo, & conditione appositis, vt in dicto loco fiat **Domus, & Ecclesia**, vbi habitent & teneantur per ipsum Hospitale, Tredecim **Sacerdotes**, & Duo **Diaconi** & tres **Clerici** de prouentibus supradictis, & alijs, quæ, dante Domino, iustè poterunt acquirere in futurum, qui prædicti Domino continuè in diuinis officijs perpetuo ibidem famulentur, & sint de Fratribus dicti Hospitalis, si reperiri poterint, alioquin alij subrogentur, vsque ad dictum numerum sufficientes & idonei ad servicium Ecclesiasticum faciendum.

Adducimus insuper, vt unusquisquis sacerdotum semel in hebdomadà quamdiù vixerimus, vnam missam de Beatà Marià, & post decessum nostrum, vnam mortuorum, pro salute animæ nostræ, specialiter debeat celebrare ; Iterum adjicimus & specialiter & expressè quanto clarius possumus, inhibemus, ut prædictum **Castrum**, cum pertinentijs suprascriptis vniuersis, & singulis, in toto vel in parte, nec venditionis, nec permutationis, nec donationis, nec alio quouis alienationis genere, in alium vel in alios transferatur, nec alicuius submittatur Dominio, præterquam Dominio **Comitatus Sabaudiæ**, si de Fratrum ipsius Hospitalis gratuità fortè procederet voluntate.

Volumus etiam, ordinamus, & præcipimus, quod Hospitale pauperum cum pertinentijs suis, quod in eo loco facere seu (construere) proponimus, Domino annuente, subsit eis in eleemosinam egenorum, & miserabilium personarum. Deo propitio disponente disponemus, & promittentes per Nos & nostros, eidem Præceptori, nomine dicti Hospitalis (recipienti, & solemniter stipulanti), prædictam donationem firmam tenere, & irreuocabiliter obseruare (& contra non venire), dummodo Sacerdotes, Diaconi & Clerici memorati, teneantur ibidem prout superius est expressum. Renunciantes omni juri contrario (de insinuitate ultra etiam summam legatam, omnique jure canonico vel legati, per quod contravenire per Nos vel alium, & alios possemus, aliquo ingenio vel aliquà ratione & specialiter juri, si quod est per quod generalis denominatio non habet). Hanc itaque donationem Nos **Ferandus Præceptor** prædictus, recipiens nomine Hospitalis prædicti, & modum, & conditionem appositam cum premissis alijs omnibus acceptans, **Domum & Capellam de Bussia** eiusdem Diocesis, cum pertinentijs suis & redditibus vniversis, prout ad Hospitale Sancti Ioannis Ierosolimitani pertinent, seu pertinere debent, de Fratrum nostrorum consilio applicamus in perpetuum & annectimus, ad maiorem sustentationem huiusmodi personarum. Promittentes (nomini dictæ domus præfatæ Dominæ) solemniter (stipulantis), Sacerdotes, Diaconos & Clericos antedictos, cum alijs personis necessarijs, & ad vtilitatem domus illius (& dictarum personarum servitium opportunis) continuè ibi tenere (tam de Fratribus nostris quam de alijs ad prœmissa sufficientibus & idoneis ad Jesu-Christi servitium &) ad ipsius Dominæ suorumque progenitorum salutem. Promittentes eidem, (vt supra, nos facientes & curantes) bonà fide, quod **Major Magister** et alijs prædicti de **Ultra Mare**, premissa omnia laudent, approbent (& acceptent) & suorum testimonio litterarum sigillent (& confirment ad maiorem perpetui roboris firmitatem).

Actum apud **Scalas** in aulà nostrà, anno Domini Millesimo-Ducentesimo-Sexagesimo-Sexto, idibus Nouembris, Pontificatûs Domini Alexandri Papæ quarti anno sexto. (Interfuerunt venerabiles Patres) Domini Joan. Viennensis (Archi-Episcopus, Petrus Agiensis) H. Ebredunensis Archi-Episcopus (electus Episcopus Lugdunensis. Eodem die interfuerunt ad id) Frater Hugo de Cheuelu, (Frater Armandus Cassamista, Frater Oddo & Frater Marcus Capellani, & Frater) Raymondus de Podio (mica elemo, Petrus de Cheuelu) & plures alii.

(In maiorem perpetuam firmitatem Nos dicta **Beatrix** & nos dictus **Præceptor** sigilla nostra prœsentibus appendi fecimus in testimonium veritatis, ne vt seruitium defraudetur prædictum, neue in posterum Eleemosina subtrahatur, & vt prædicta vniversa & singula perpetuò firma attendant, Volumus ambo & iubemus vt Episcopus Gratianopolitanus qui pro tempore fuerit hic contringat, eiusque ad emendam congruam compellat, quoscumque uiderit et iure nouerit compellendos.)

II

— Année 1399 —

Extrait du Recueil des visites pastorales de l'Évêque de Grenoble. Année 1399. (Archives de l'évêché de Grenoble). [1]

On lit page 30 :

« Item fuit Dominus in capellà Sancti Blasii prope scabillionem de Cou (2). »

Et plus bas :

« Iam descendendo per Scabillionem de Cou applicuit Dominus in Ecclesiam Sancti Christophori de Scalis et ibi cœnavit (3). »

III

— 18 février 1606 —

Extrait d'une lettre du sieur d'Albigny à S. A. R. Charles-Emmanuel I, duc de Savoie.

Monseigneur,

Il y a quelque temps que Michal, lequel est au service de V. A., feut attaqué ches luy aupres des Escheles par

---

(1) Dans le même recueil, à la date du 17 avril 1673, on lit : « Le chemin de Saint-Christophe à Saint-Jean (de Couz) étoit autrefois si rude qu'à peine un cheval pouvoit y passer, mais le duc de Savoye l'a si bien faict accomoder depuis trois ans que le carosse y passe aisement. »

(2) Ensuite Monseigneur (l'évêque de Grenoble) alla à la chapelle de Saint-Blaise près du « *Scabillio* » de Couz.

(3) En descendant par le « *Scabillio* » de Couz, Monseigneur (l'évêque de Grenoble) arriva à l'église de Saint-Christophe des Echelles, et y soupa.

des voleurs qui tenoient le chemin de les montaignes et jusques a Lion tellement serré que peu de jans le fesoient sans passer par lheurs mains. Or, comme le dit Michal les heut repousses, et heut avys quils s'estoyent retires en un logis de la montaigne Dayguebelette, il y ala soudain, et come ceus cy se defendirent il y en heut un de tué, l'autre fort blesse, lequel est mort despuys dans la prison; ceus qui sont demeures ont confessé et accusé de lheurs compaignons, lesquels ont esté executes a Grenoble.

A la vérité Michal fait en cella un bon service à tout le pays... &.

IV

— 6 février 1654 —

Avis de la Chambre des Comptes de Chambéry concernant les réparations des chemins.

Chambery, le 6ᵐᵉ feurier 1654.

Monseigneur,

En suitte des commendements qu'il a plû à V. A. R. de nous donner pour la reparation des chemins, affin de faciliter l'introduction et le passage des grandes voitures par ses Estats, nous auons député un Commissaire, pour voir le pont de Mont-Melian, dont la manutension est des plus considerables, et les chemins iusque a Aiguebelle, lequel nous a raporté que la depence pouuait reuenir a 2,500 ducatons, pour lesquels il sera du bon plaisir de V. A. R. de donner fond au billan de l'année courante pour ne laisser en arriere un trauail si utile. Et sur la proposition qui a été faicte par des prix facteurs que lon pourroit faire passer les charretes des le pont de Beauuoisin en cette ville et d'icelle a Saint-Jean-de-Maurienne, en reparant les chemins de Chaille et de la Crotte proche des Echelles, nous y auons aussi envoyé un Commissaire pour en prendre état, et sçauoir a quoi reuiendra cette depence, laquelle on treuve monter au calcul de 3,000 ducatons. Ce qui n'est pas considerable a l'egal du bénéfice qu'en receuroit l'Etat et le Dace de Suze, venants les marchands à passer par chariots, dont nous auons estimez deuoir donner ce tres humble auis a V. A. R. pour receuoir sur ce l'honneur de ses commendements. Et entant que Sa Volonté se porte à ce bon dessein, et qu'elle en face bilancer la somme, nous l'assurons d'y user de tout le meilleur menage qui nous sera possible pour le bien de son service, et l'auentage de ses finances... &.

V

— 27 février 1654 —

Avis de la Chambre des Comptes de Chambéry à Madame Royale, concernant les réparations des chemins de la Crotte et Chaille.

Chambery, le 27 feurier 1654.

Madame,

Les précis commendements que nous receûmes de S. A. R. pour la reparation des grands chemins affin de facilliter l'introduction des voitures, et le commerce, nous obligerent a faire visiter Chaille et la Crotte, sur la proposition qui fut faicte par personnes considerables de faire passer les charriots chargez des le Pont de Beauvoisin en cette ville. Ensuite de quoi s'etant formez trois partis des pretendants a cette reparation, ils se sont soûmis de rendre les chemins en état que les charriots passeront chargez, a la reserve seulement de redoubler à la montée du passage de la Crotte, qui n'a qu'environ deux cents pas de longueur, ou d'alleger la moitié de la charge, laquelle se composant de moins de six à huict balles, les frais de l'allegement ne seroient pas considerables puisque les marrons (1) qui demeurent au pied, en font le port pour deux sols. Les prix facteurs se soumettant de donner pour cela touttes les seuretez que son Patrimonial en voudra exiger, et en cas que le trauail ne se paracheuat

---

(1) Ce sont les guides où les porteurs d'aujourd'hui, lesquels, au moyen-âge, tenaient les routes ouvertes et aidaient les voyageurs à passer les montagnes : « *Et post aliquot dies præmonstrata eis a præducibus marronibus difficillima via.* » (Chron. S. Trudonis, lib. 12).

On donna aussi ce nom à ceux qui pilotaient les navires à leur entrée dans le port :

« Li maronnier furent bon maestre
Car du port savoient tout l'estre. »

(Roman d'Athis ms.).

Et par extension à l'art nautique et aux pirates :

« L'exposant entra en un vaissel d'armée sur mer avecques plusieurs marronniers et escumeurs de mer, pour aller gaigner sur les ennemis. » *(Lit. remiss. ann. 1380, in Reg. 118, chap. 34).*

On appelle aussi « marrons » les chiens que les religieux du Mont-Saint-Bernard dressent à la recherche des malheureux qui s'égarent dans les neiges, et qui sont guidés par les novices qu'on appelle « marronniers. »

Fanfani, dans son vocabulaire de la langue italienne, attribue à la parole « marron » la signification d'homme qui sert aux voyageurs et spécialement dans la montagne, et en temps de neige, les guidant et leur déblayant le passage, les portant, au besoin, à bras ou sur les épaules.

Littré, dans son dictionnaire de la langue française, dit : « Il y a dans le bas-latin *marrones*, nom de gens qui servaient de guides dans les Alpes. »

dans l'année, on ne laisseroit pas de le continuer a la suiuante, donnant commendement aux endrois les plus pressans pour donner ouuerture au passage des charriots, et par ce moyen, attirer les voituriers qui ont formé des oppositions aux provisions que l'on avoit obtenues de la senechaussée de Lyon sur l'ordre de Sa Majesté; n'y ayant rien qui les puisse convier davantage a prendre cette route, qu'en rendant les chemins faciles et de bon accès, a quoi la manutension du pont de Mont-Melian est egallement necessaire puisque lon a veu au mois de septembre dernier les risques que lon a courrues au passage d'une barque, qui ne peut subsister au grossissement des eaux, et qui n'est propre a passer des grands mulets, outre l'incommodité du dechargement et chargement des marchandises. S'il plait à V. A. R. de donner le fond, nous aurons soin de l'appliquer le plus utilement qu'il sera possible, estant chose qui regarde non moins le bien de son service, que celui de ses Etats... &.

VI

— 20 décembre 1655 —

Edict par lequel est ordonné que les grands chemins soient reparés, mis et entretenus en bon estat, que les communautés, villes et villages soient responsables des vols qui se feront dans leur voisinage, faute d'arrester les voleurs, et que tous passans pourront avoir escorte jusqu'à vingt hommes en payant un florin par jour pour toute chose, pour chaque personne de ladite escorte.

CHARLES-EMMANUEL, par la grace de Dieu, duc de Savoye, prince de Piémont, &c, &c, &c.

Pendant que les troubles de la guerre civile ont régné

en cèt Etat les années dernières, Nous avons, par une grace et concession speciale, permis aux grands voituriers de Lyon, de faire passer par maniere de provision, par d'autres routes que celles de Suze & du Pont de Beauvoisin, les marchandises qui vont d'Italie en France; mais parce que cette permission etait entièrement contraire aux anciens reglements faits par nos serenissimes predecesseurs, concernant nostre Dace de Suze : Nous avons fait avertir les mesmes grands voituriers, par le moyen du comte & président Coste, de faire passer dores-en-avant par Suze, & par le susdit Pont de Beauvoisin toutes les marchandises qui vont d'Italie en France & de France en Italie conformement à l'ancien usage, & à ce qu'ils sont tenus de faire, mesme en vertu des edits & reglements de Sadite Majesté tres-chrestienne. A quoi s'estans les d. grands voituriers incontinent soûmis, nous sommes par là conviés, d'ordonner a nos magistrats de la Chambre des Comptes de Savoye & de Piemont, & aux gouverneurs, juges, chastelains & autres officiers locaux, de tenir la main, que tous les chemins par lesquels doivent passer lesdites voitures soient bien reparés, accomodés & maintenus en bon estat avec ordre exprès, auxdits officiers locaux, de visiter lesdits chemins au moins une fois le mois, pour reparer & faire reparer ce qui se treuvera gaté, ou mal en ordre, a peine de cent livres, & autres arbitraires a la Chambre contre les contrevenans. Et d'autant que nos magistrats ont avis d'Amsterdam, d'Auxbourg, de Bâle & d'Italie, que les marchandises d'Holande, Flandre & Allemagne qui sont destinées pour l'Italie & celles d'Italie qui sont semblablement destinées pour ces païs-là, doivent repasser comme faisoient autrefois par le Piemont & par la Savoye, prenant depuis Eguebelle a Faverges, tirant vers les Regonfle ou Geneve : Nous ordonnons pour cet effet a la Chambre des Comptes de Savoye, de donner promptement les ordres necessaires, afin que les susdits chemins soient reduits en bon etat & reparés de temps en temps, conformement au besoin, & de faire le mesme depuis le Pont de Beauvoisin jusqu'a la grand Croix du Montsenis: voulant qu'en tous les lieux de passage, qui serviront d'etape aux muletiers, il y ait des hostes de bonne foy & suffisantes commodités pour loger tous les marchands, mulets & muletiers qui passeront dans nos Estats, aux prix convenus jusqu'a maintenant; lequel prix ils ne pourront point changer ni alterer sans le consentement de ladite Chambre, qui examinera toutes choses favorablement pour lesdits muletiers, & estant nostre intention que toutes personnes, de quelque condition & qualité qu'elles soient, puisse surément passer par nos Estats, & particulierement les marchands & muletiers. Pour cét effet, Nous ordonnons a tous nos magistrats, gouverneurs, juges & officiers, de donner escorte jusques au nombre de vingt hommes armés, a qui la demandera, en payant seulement a châcun un florin, monnoye de Savoye, pour une journée & pour toute chose, et autant pour leur retour en leurs maisons, en cas que les passans ne puissent pas convenir a moindre prix, entendant que ledit florin soit tant pour le vivre, que pour tout ce qu'ils pourroient prétendre. Et pour rendre les passages plus assûrés, Nous ordonnons & etablissons par edit perpetuel & irrevocable, qu'au cas que quelques marchandises fussent prises, ou quelques marchands ou passagers devalisés, les habitans des communautés circonvoisines du lieu ou le larcin aura été commis, seront obligés de prendre les armes & d'aller contre les voleurs pour les suivre & les faire prisonniers, & les remettre ensuite entre les mains de nostre justice; lesquels habitans manquant a faire les diligences, seront tenus & obligés, comme en vertu de cét edit, Nous les obligeons de reparer la perte qu'auront faite lesdits voyageurs, marchands, mulettiers, voituriers & autres, & cette depense sera repartie sur les communautés voisines. Et afin que châcun se tienne prest pour courir sur les voleurs, Nous voulons & commandons que le premier a qui sera donné l'avis du vol, ou larcin, donne promptement le signal au son de la cloche la plus proche; & que tous ceux qui sont propres a porter les armes, entendant la cloche, les prennent incontinent pour aller contre les voleurs, & qu'ils ne se retirent point en leurs maisons qu'ils ne les ayent arrestés ou investis en quelques lieux forts, ou ils pourront estre retirés : & en ce cas ils demanderont main-forte aux autres communautés voisines, qui seront obligés de la leur donner sans delay, a peine de repondre du larcin, ou vol qui aura esté fait : s'il est necessaire, ils nous en donneront avis par hommes exprez, pour les assister avec de plus grandes forces, s'il est besoin. Etant nostre precise volonté, que dans nos Etats toutes choses y soient libres & assurées, Nous mandons et ordonnons en vertu de ce present edit, que nous voulons avoir force de loy perpetuelle, qu'il soit gardé & observé par tous nos magistrats, gouverneurs, juges & officiers, tant deça, que delà les monts, châcun en ce qui le regarde, a peine de nostre indignation & autres arbitraires. Et afin que personne ne puisse ignorer cette precise nostre volonté, Nous mandons & commandons que ces presentes soient leuës, publiées & affichées aux lieux accoûtumez. Mandant a nos procureurs generaux & patrimoniaux, de tenir la main a l'execution. Car tel est nostre plaisir. Donné en nostre chasteau de Mont-callier le 20 décembre 1655. Signé C. EMANUEL. Visà Morozzo, visà Castagnery, visà Granery. Registrata Carron, contresigné de Saint-Thomas. Et séelé au Grand Sceau.

VII

— 21 août 1658 —

Extrait des registres de la souveraine Chambre des Comptes de Savoie.

Sur la remonstrance du procureur patrimonial tendant a ce que pour faciliter le passage aux grandes voytures par les Estats de S. A. R. commission soit donnée a M° Crettet, curial du Pont de Beauvoisin ou autre, pour donner les prix faicts necessaires pour faire le pavé aux endroicts designés par le verbal du dit M° Crettet, et par mesme moyen ordonner aux aboutissants au grand chemin dès le dit Pont jusques a la montagne de promptement reparer chacun rière soy ledit chemin en bon estat, avec inhibitions aux communiers de Saint-Sulpis et autres qu'il appartiendra de faire aucuns esserts au long ni proche dudit grand chemin deçà la montagne et autrement comme par ladite remonstrance et sur ce pourvoir.

Veu ladite remonstrance signé Divoley, le verbal du quatorziesme du courant signé Crettet, et tout consideré.

La Chambre faisant droict sur ladite remonstrance, a ordonné et ordonne que les prix faicts pour la facture du pavé ez endroicts mentionnés par le verbal sus visé seront donnés par M⁰ Crettet, curial du Pont, que la Chambre a ces fins a commis et commet, et par mesme moyen ordonne aux aboutissants au grand chemin dez ledit Pont jusqu'a la montagne de promptement reparer chacun rière soy ledit chemin en bon estat, a peyne de cent livres contre chacun des contrevenants et dy estre procedé a leurs frais et depens avec inhibitions qui sont faictes aux communiers de Saint-Sulpis et autres qu'il appartiendra, de faire aucuns esserts au long ni proche dudit grand chemin deçà laditte montagne, aux mesmes peynes que dessus et plus grandes s'il y echeoit. Et affin qu'il ne s'en prétende cause d'ignorance, sera le present arrest publié riesre les paroisses du Pont, La Brydoire, Ayguebelette et Saint-Sulpis, à l'issue de la grande messe, et affigé aux lieux accoustumés, et ce a la diligence des officiers locaux qui en envoiront leurs certifficats au greffe de ceans dans la huictaine apprès la pubblication.

Faict a Chambery, au bureau des Comptes, le vingt uniesme d'aoust mil six cents cinquante huict.

VIII

— 20 août 1661 —

Edit concernant la Messagerie dans les Etats de Son Altesse Royale deçà les mons.

CHARLES-EMMANUEL II, par la grace de Dieu duc de Savoie, &c, &c, &c.

Nous ayant été remontré de la part de Monsieur le marquis de Villeroy, que pour la commodité publique, &

facilité du commerce, il aurait eu la pensée d'establir une messagerie depuis la ville de Lyon jusqu'à celle de Milan, en passant en nos Etats depuis le Pont de Beauvoisin jusqu'à Vercel, par le moyen de laquelle toutes sortes de personnes pourront aller commodement & a jour certain, non seulement desdites villes de Milan a Lyon & de Lyon a Milan, mais encore de Chambery a Turin de l'une, & à l'autre ; comm'aussi de faire partir toutes sortes de hardes, bagages, paquets, et mesmes marchandises, pour les faire rendre dans un temps prefix et asseuré, au lieu où elles seront destinees, & pour un prix honneste & raisonnable, & que son dessein est de faire partir toutes les semaines de chacune ded. villes à jour déterminé un messager a cheval qui conduira audit lieu tous ceux qui voudront se servir de cette commodité pour aller d'un lieu a l'autre, en leur fournissant des chevaux, faisant partir leurs hardes & les defrayant par les chemins, pourveu qu'il nous plaise de luy accorder la permission de mettre a execution dans nos Etats son dessein si utile au public. A quoi inclinant pour le désir singulier que nous avons de favoriser en toutes choses, le sieur marquis de Villeroy, nous luy avons permis & permettons par ces presentes, signées de nostre main, d'establir la messagerie, & icelle faire exercer dans nos Etats pour le temps & terme de dix ans prochains, à commencer du jour & datte des presentes, donnant pouvoir a tous ceux (qui auront droit de luy) de passer, aller & venir, & tenir bureaux, maison ouverte pour ladite messagerie, dans les terres de nostre obeyssance ; mettant les messagers des personnes qui conduiront leurs chevaux & bagages, sous nostre speciale protection & sauvegarde, avec deffences a toutes personnes de quelque qualité & condition qu'elles soient, de leur donner aucun trouble, molestie ny empèchement ; a peine de l'amende arbitraire & de nostre disgrace, a la charge que le directeur de ladite messagerie donnera bonne & suffisante caution dans nos Etats de l'exercer fidelement, & de rendre a un chacun les choses qui luy auront esté confiées, & de declarer a la verification des presentes le prix juste & raisonnable, qu'il pretendra pour la conduite des personnes, de leurs hardes & marchandises qui luy seront confiées, & a la charge aussi d'observer les precautions qui lui seront prescrites pour la conservation de nos droits domaniaux, dace de Suze, douane, traite foraine, & que les voituriers, marrons & loüeurs de chevaux seront dans une entière liberté de conduire a Lyon, Milan et ailleurs, les personnes qui voudront se servir d'eux, & les hardes qu'on voudra leur confier, & que les messagers ne s'ingereront point a porter des lettres, si ce n'est du consentement du sieur General des postes, pour ne point prejudicier a ses droits, & finalement, que le susdit directeur sera tenu de rapporter dans quatre mois la permission qu'il aura obtenue des Ministres de Milan pour l'establissement de ladite messagerie ; afin que toutes choses passent dans l'uniformité convenable, avec declaration qu'a faute de ce, les Ministres de Sa Majesté Catholique a Milan ne voulussent pas donner leur consentement pour ladite messagerie, que les presentes demeureront nulles & de nulle valeur.

Si donnons en mandement a nos très-chers bien-Amés & Feaux Conseillers, les gens tenans nostre Senat & Chambre des Comptes de Savoye, chacun en droit soy, comme il leur appartiendra de verifier les presentes, & icelles faire observer de point en point, selon leur forme & teneur ; auquel Senat pour toutes les choses de particulier a particulier, & à la Chambre pour les affaires de nostre Domaine nous attribuons a toutes cours, juridiction & connoissance tant en matière civile que criminelle, pour le fait de ladite messagerie, circonstances & dependances, & icelles interdisons aux Juges Mages & Juges subalternes, pour estre tous differens (qui naîtront pour ce particulier) jugé par lesdits magistrats respectivement, & ainsi comme il leur appartiendra, terminé & decidé souverainement, sans forme ny figure de procès. Derogeant pour cét effet a tous edits, statuts, reglemens, arrests & autres choses à ce contraires : Car tel est nostre plaisir. Donné a Turin le vingtième août 1661.

Signé CHARLES-EMANUEL.

Visà Busquet.

Contresigné de Saint-Thomas.

IX

— 21 septembre 1663 —

Abrégé que le fermier et directeur de la messagerie accordée par la bonté de Son Altesse Royale à Monsieur le marquis de Villeroy par ses patentes du 21 aoust 1661, promet d'observer rière les Etats de S. A. R.

Premierement il offre de satisfaire & observer ponctuellement toutes les clauses & conditios portées par le texte des patentes & pour cét effet,

Promet de fournir (a ceux qui voudront prendre & suivre ladite messagerie) des chevaux, faire leur depence de bouche & leur porter six livres d'hardes franches pour le prix cy-après specifié.

Promet en outre de faire partir le messager de la ville de Lyon regulierement tous les lundys de châque semaine, & partira ordinairement tous les mercredis de Chambery pour Milan, & de faire partir regulierement de Chambery pour Lyon ledit messager tous les vendredis au matin, a la charge qu'il pourra partir de Lyon le vendredy par extraordinaire quand l'occasion s'en presentera pour Turin.

Pour l'asseurance des hardes ou marchandises qui seront remises ou envoyées par ladite messagerie, il promet de tenir un bureau dans la presente ville de Chambery, auquel lesdites hardes & marchandises seront consignées entre les mains d'un commis qui sera mis & choisi par ledit directeur.

Pour laquelle commission il nomme honorable Pierre Juvençeau Darva, march. drappier et bourgeois de cette ville, qui promet de repondre de toutes les hardes & marchandises qui lui seront consignées, a la reserve neanmoins des cas fortuits reservés par le droit.

Et pour l'execution de ladite patente, ledit directeur offre de faire conduire chaque homme avec six livres d'hardes franches de Lyon a Milan, sa depence de bouche & cheval compris pour la somme de soixante livres monnoye de France; & de Milan a Lyon pour cinquante-cinq livres tournoises. Et au cas que châque particulier fasse partir des hardes ou marchandises pour ledit lieu de Lyon ou Milan au-dessus desdites six livres, il offre de les conduire pour huict sols monnoye de France la livre.

De Lyon a Chambéry & de Chambery a Lyon, pour onze livres tournoises avec les conditions cy dessus de porter les hardes ou marchandises au parsus de six livres franches, pour deux sols de Roy marqués, ou leur juste valeur monnoye de Savoye.

De Chambery a Turin & de Turin a Chambery, vingt-six livres monnoye de France, & pour le port des hardes ou marchandises trois sols de Roy marqués, avec les mesmes avantages pour le port & conditions que dessus.

De Chambery pour Milan & de Milan pour Chambery, quarante-sept livres tournoises, avec les mesmes conditions & avantages, en payant pour le port des hardes & marchandises qui excederont les six livres franches, six sols tournois pour livre.

De Lyon a Turin & de Turin a Lyon, quarante livres, avec les mesmes avantages que dessus, en payant pour le port des hardes ou marchandises cinq sols de Roy, qui excederont six livres franches.

Et pour plus grande asseurance, tant des personnes que hardes, soit marchandises que ledit messager conduira : le directeur supplie très-humblement les Seigneurs du Sénat, de permettre audit messager & ceux de sa suite le port des armes necessaires pour se deffendre en chemin.

Et parce que le dit directeur de la messagerie n'est presentement fondé de procure & suffisant pouvoir pour la verification et enterinement de la presente que Monsieur le marquis de Villeroy a obtenu de Son Altesse Royale, il promet de rapporter un acte d'aveu authentique du sieur marquis dans un mois, & iceluy remettre au seigneur Procureur général de Son Altesse Royale, comme aussi promet de rapporter le contract d'acensement passé au sieur Claustria Sermonet, avec le transport dudit bail passé par ledit Claustria & Sermonet, a ce soussigné le 22 may 1662. Reçu par Lassier, notaire royal a Lyon.

A Chambery, le 21 septembre 1663.

Signé Clerc.

Extrait des lettres du président du Sénat de Savoie, le sieur de la Pérouse, à S. A. R. et au Ministre de S. A. R.

X

— 30 janvier 1665 —

A Son Altesse Royale.

Nous passons des années dans des contestations inutiles sur les affaires publiques, et cependant les chemins se ruinent, et faute de les tenir en bon estat et d'establir les routes pour les conduittes des marchandises, nous perdons ce peu de commerce qui nous reste, et demeurons privez de l'avantage que nous recepurions de restablir celuy dont nos voisins nous ont privez par nostre negligence ; je souhaite de pouvoir une fois dire ma pensée dans un conseil, et en presence des contradicteurs, et V. A. R. cognoistra que je ne parle de ces choses que sur des fondements très solides, et sans vanité, je suis bien instruit des affaires et des veritables interest de la province, ou j'ai eu l'honneur de servir dans les principales charges depuis trente-quatre ans.....

XI

— 27 fevrier 1665 —

A Son Altesse Royale.

Les chemins sont en si mauvais estat, que ny les courriers, ni les voituriers n'y passent qu'avec un extrême peril, et le dernier ordinaire d'Italie qui faillit a se perdre lundy dernier entre Ayguebelle et Male Taverne m'en vint faire des plaintes. Il s'est aussy perdu deux mulets de la grande voiture, et si on ne remedie a ce prejudice par le retablissement d'un chemin royale, nous perdrons ce peu de commerce qui nous reste.....

———

XII

— 6 et 20 mars 1665 —

A Son Altesse Royale.

Pour les reparations de nos chemins on n'y songe point du tout, pourtant si l'on n'y donne ordre avant que les neiges fondent, il faudra abbandonner la route d'Ayguebelle, et pour les courriers et pour les gens de voiture.

Si nous sommes privez d'un commerce qui faisoit le plus notable revenu de la Couronne par le Dace de Suze, qui est arrivé jusques à nonante huict mil escus d'or, cela ne procede pas tant du malheur des guerres que de nostre negligence et de nostre abbandonnement. Nous ne songeons ny a maintenir les chemins, ny a entretenir des correspondances avec nos voisins pour attirer le commerce dans cét Estat. Et cela est cause que nos voisins se sont enrichis de nos despouilles, que le Simplon et les autres passages plus longs et plus difficiles sont pratiqués, et que le pas de Suze est abbandonné, quoique dans le fond se soit le plus seur et le plus convenable pour passer en Italie.....

———

XIII

— 10 janvier 1670 —

Au Ministre.

Je vous envoie la lettre que le Curial de Saint-Genix m'a escrit touchant les reparations a faire entre la riviere du Guyé et le Rhosne, auxquelles on n'a pas seulement songé. Monsieur de Challes voit perir devant ses yeux la paroisse de Champagnieu que les Dauphinois gaignent au prejudice de S. A. R. et de ses sujets, et il croid que si nous travaillons a nous defendre du Rhosne et a le contenir dans son ancien lit, que la France nous declarera la guerre; vous voyez en cela et en tout le reste que la Chambre veut tout faire sous pretexte qu'elle manie la bourse, et dans le fond ne fait rien.....

XIV

— 7 fevrier 1670 —

A Son Altesse Royale.

Je ne doubte point que Messieurs de la Chambre ne pourvoyent aux reparations du Guyé et du Rhosne, mon devoir m'a obligé d'advertir V. A. R. de la necessité qu'il y a dy mettre les mains avant que les rivieres s'enflent; je laisse a la prudence de ces Messieurs de pourvoir du reste.....

XV

— 8 mars 1670 —

Au Ministre.

On va commencer a travailler tout de bon a Bellerive, je dis tout de bon, parce que jusques icy on nous a joué.....

XVI

— 16 mai 1670 —

A Son Altesse Royale.

L'oppiniastretè et la negligence de Messieurs de la Chambre nous va priver de tout le bénéfice que tout l'Estat recevrait du chemin de la Crotte ou de Chailles. Le travail est a sa perfection jusques a la Corbiere, mais de là jusques a Cognin, c'est le plus malheureux chemin qu'on verra jamais. Monsieur Baland au lieu de faire faire un beau pavé, comme touttes les personnes un peu entenduës ont tousiours opiné, a fait porter quantité de marc, disant qu'estant tiré de dedans la montaigne, et exposé au soleil, il se rendrait aussy dur que d'acier ; il se trouve que c'est à present une boue ou les chevaux et encore plus les mulets entrent jusqu'au ventre. Deux mulets s'y sont estroppiés depuis huict jours, trois chartreux venants par ce chemin ont failly a s'y rompre le col, et nos commissaires de Saint-Genix, qui viennent d'arriver, ont esté dans un pareil peril, et m'ont dit qu'ils avoient failly a se perdre. Si V. A. R. veut que cette route acquiere quelque reputation, il faut sans plus de retardement faire travailler a ce pavé. Ceux d'Ayguebelette ne travaillent qu'a decrier cette route, et si elle est une fois decreditée jamais les voituriers ne la reprendront.....

XVII

— 28 novembre 1670 —

Au Ministre.

Le chemin de la Crotte qui est la plus belle entreprise, et la plus utile qui ait jamais esté faicte en Savoye, s'en va comme tout le reste. Le sieur Grolier (1) a failly de s'y rompre le col, et tout cela par l'oppiniastretè de Messieurs de la Chambre qui ne veulent point faire de chaussée et de pavé en deux ou trois endroicts ou il y a des bourbiers ; on y a perdu deux ou trois mulets, et par là la route est decreditée et tous ont repris le chemin de l'Ayguebelette, il faut faire les pavez, y changer la poste, ou que tout ce qui est faict demeurera inutile ; je n'en escris pour aucun autre interest que celui du public.....

XVIII

— 28 novembre 1670 —

A Son Altesse Royale.

Je doibs aussy faire sçavoir à V. A. R. que faute de faire faire le pavé necessaire à la Corbiere, et ailleurs,

---

(1) Procureur général au Consulat de Lyon.

non seulement le chemin de la Crotte demeure inutile, mais se decredite entierement. Le sieur Grolier m'a dit qu'il faillit de se perdre a un bourbier, que tout Lion s'attendait à cette route, mais que les voituriers, qui y ont perdu deux ou trois mulets, l'ont entierement decreditée. Et par effect quoique la montaigne soit mauvaise, tout le monde prend le chemin de l'Ayguebelette. C'est un malheur que toutes nos reparations sont inutiles, parce que nous ne faisons les choses qu'a demy : il faut travailler incessamment a un bon pavé, qui rende ce chemin seur et commode, et dès qu'il sera achevé, y changer la poste, ou que tout ce qui est faict demeurera inutile.....

XIX

— 12 décembre 1670 —

A Son Altesse Royale.

Les deux députés du Consulat de Lion me dirent nettement que quatre ou cinq mauvais pas qui restent a accomoder dans le chemin des Eschelles, et ou trois ou quatre mulets se sont tout gastés, decreditent entierement cette route, et ils adjousterent qu'eux mesme ont failly a y demeurer. Ce sont quelques boues qui sont au dessous de la Corbiere, et pour les seicher il faut des esgouts et un bon pavé, sans s'amuser a remplir ces lieux de gravier. Ils adiousterent que dès qu'ils sauront que cette reparation sera solidement faicte qu'ils feront rouler les charrettes de Lion pour Chambery. J'estime aussy, Monseigneur, qu'en mesme temps il faudra aller sur les lieux pour concerter l'endroict ou lon mettra la poste, en la levant d'Ayguebelette, il faut faire ce changement non seulement pour accrediter la route, mais encore pour donner commodité aux negociants de joindre leurs voitures lorsquil est necessaire. Et ils m'ont dit nettement que les grands mulets ne prendront point cette nouvelle route que la poste ne soit establie, et tandis que les courriers passeront par l'Ayguebelette, les voituriers en feront de mesme, et considereront cette route comme la plus seure et la plus commode, voyant que l'on continue a y faire passer les courriers.....

XX

— 13 décembre 1670 —

Au Ministre.

Je presse pour mettre en estat le chemin de la Crotte, tout ce beau travail se decredite et demeure inutile par l'oppiniastretè de Messieurs de la Chambre, a y laisser deux ou trois endroicts pleins de boue au lieu de faire un bon pavé. Il y a deux ou trois mulets qui s'y sont espaulés, et le sieur Grolier me dit qu'il faillit a s'y perdre, il faut y pourvoir et y mettre la poste dès que le chemin sera en bon estat, et c'est là l'unique moyen d'establir cette route.....

XXI

— 17 décembre 1670 —

A Son Altesse Royale.

Non aspetto che gli ordini di V. A. R. per chiudere il Trattato coi Deputati di Lione, e invitarli a domandare che il passagio del Sempione sia chiuso, e che tutte le mercanzie d'Italia nella Francia, e viceversa, passino a Susa e a Pont-Beauvoisin. E questo l'unico mezzo per ristabilire il Dacito di Susa per la Savoja, e di ruinare completamente il commercio di Ginevra.....

XXII

— 26 décembre 1670 —

A Son Altesse Royale.

L'estat ou est la nouvelle route des Eschelles ne s'accorde pas a l'establissement du carrosse pour lequel Messieurs de Lyon temoignent tant d'empressement; et je crains qu'il ne nous arrive en cette entreprise comme en beaucoup d'autres, qu'un manquement de peu de consequence ne la decredite avant qu'elle soit bien establie. Comme il y a quattre ou cinq mulets de la grande voiture qui se sont estroppiez dans les bourbiers qui sont au-dessous de la Corbiere, il n'y a pas un voiturier qui n'aime mieux passer dans l'Ayguebelette, qui n'est pourtant pas en bon estat. Et je ne vois rien qui puisse donner credit a ce nouveau chemin, quoique très beau, que d'y establir la poste.....

XXIII

— 9 janvier 1671 —

A Son Altesse Royale.

Il n'y a point de temps plus favorable pour accomoder le chemin de la Crotte que celui ou nous sommes. Ne faut regarder pas tant la despense pour une entreprise de cette importance, on a despensé très utilement dix ou douze mil escus et la reparation faite demeure inutile a faute d'achever ce peu de pavé qui reste a faire.....

XXIV

— 9 janvier 1671 —

Au Ministre.

Nous ferons des reparations a la Crotte après que cette Crotte sera entierement decreditée, en vérité c'est une chose estrange que nous destruisons les choses les mieux acheminées par de certaines bagatelles.....

XXV

— 13 fevrier 1671 —

Au Ministre.

Je souhaitterois que la montaigne d'Ayguebelette fut en si bon estat que on put y faire passer le carrosse, selon le dessein du sieur Pernet, mais il me paroist une chose ridicule de parler d'establir une route pour des carrosses en un lieu ou a present un homme a cheval ne sçaurait passer sans peril de sa vie. Je porteray lundy la patente au Senat avec la lettre que vous luy avés procuré, mais nos Messieurs me riront au nez lorsque je les presseray d'opiner sur un estre de raison.....

XXVI

— 27 fevrier 1671 —

Au Ministre.

Le sieur Pernet me presse incessamment pour faire deliberer sur son affaire concernant l'establissement des coches par le chemin des Eschelles, il n'y a que quatre jours qu'un grand mulet y demeura. Jugez si on peut establir un chemin de carrosse dans le lieu, je vous en fais juge.....

XXVII

— 17 avril 1671 —

Au Ministre.

Et pour ce qui regarde nostre chemin des Eschelles, il demeure inaccessible et entierement decredité par l'oppiniastreté qu'ont Messieurs de la Chambre de ne faire pas accomoder cinq ou six mauvais pas, ou se sont perdus plus de dix grands mulets de voiture. C'est une chose digne de compassion de voir que dans nos entreprises plus importantes nous nous privons et de la gloire et de l'utilité pour laisser toutes choses que nous entreprenons imparfaictes.....

XXVIII

— 1er mai 1671 —

Au Ministre.

Je vous replique que faute de remplir une fondrière qui est au pied du chemin que lon a faict vers Les Eschelles, non seulement nous demeurons privez du benefice de ce passage quoyque le gros de l'ouvrage soit achevé depuis deux ans; mais outre celà, comme quatre mulets sy sont estroppiéz cet hyver, cette route est tellement decreditée que personne ny passe, et en si mauvais estat qu'on ne croit pas le carrosse de Madame la marquise de Saint-Maurice y puisse passer a vuyde. Mon honneur et ma conscience m'obligent a vous donner cognoissance de ces verités. C'est par là que nostre commerce perit, et que touttes nos negociations escheoient au moment qu'elles sont mieux acheminées.....

XXIX

— 8 mai 1671 —

A Son Altesse Royale.

Quant au chemin de la Crotte, qui est un des plus beaux travaux qui ait esté faict depuis plus de deux siècles, il demeure non seulement inutile mais mesme decredité faute d'un pavé au bas de la descente dans un bourbier, ou quatre ou cinq mulets se sont perdus l'hyver passé, ce qui a perdu entierement cette route, n'y ayant pas un seul muletier ny du pays ni estranger qui n'ayme mieux passer dans les precipices de l'Ayguebelette que dans ce nouveau chemin.....

XXX

— 8 mai 1671 —

Au Ministre.

Je n'ai rien oublié pour servir le sieur Pernet, mais nos Messieurs treuvent que c'est une chose ridicule destablir une voiture bannale par coche et par charrettes dans une route qui est en si bon estat que cette année cinq mulets de la grande voiture sy sont rompu le col, et tout cela par l'oppiniastreté de Messieurs de la Chambre, qui n'ont jamais voulu faire un pavé dans un bourbier qui est au-dessous de la Courbiere, ce qui a decredité nostre entreprise par a tout. J'en suis si choqué que je n'ai pù m'empescher d'en escrire de nouveau tout ouvertement au Prince, et je crois que mon honneur et ma conscience m'obligent esgalement a cela.....

XXXI

— 19 juin 1671 —

A Son Altesse Royale.

Les dernières pluyes et les boues ont rendu inaccessible le chemin de la Crotte, celui d'Ayguebelette est comme abbandonné, et en si mauvais estat que les mulets ny passent qu'avec peril, ainsy cette route se perd entierement.....

XXXII

— 19 juin 1671 —

Au Ministre.

Dès qu'on a commencé a travailler a la Crotte, on a abbandonné par à tout le chemin d'Ayguebelette, y ayant quatre ou cinq ans qu'on y a pas faict une seule reparation. Le chemin de la Crotte est aussy inaccessible parce que on s'oppiniastre a ne faire point de pavé aux endroicts ou sont les boües; ainsi on peut dire qu'il n'y a point de chemin seur ny commode pour venir de Lyon ici, et ce n'est pas le moyen d'augmenter nostre commerce, il faut que des gens d'authorité et de confiance voyent tout cela, afin que le Prince en estant bien informé il y pourvoye.....

XXXIII

— 7 août 1671 —

Au Ministre.

Nous vous envoyons l'advis du Senat sur le projet de la Patente qu'on veut accorder au sieur Pernet. Je crois que vous serez de nostre opinion et advouerez qu'il se presse trop voulant establir des voitures sur une route qui n'est pas bien commencée. Nous serions ridicules de l'entreprendre et ne sçaurions reigler le prix des voitures que nous ne voyons a quel pied les mettront nos voituriers lorsque cette route commencera d'estre pratiquée. Il faut commencer a luy donner credit en y establissant la poste, en mettant les chemins en l'estat ou ils doibvent estre, a moins que cela soit faict nous passerons pour ridicules, comme nous avons faict en nostre messagerie qui a finy le jour qu'elle commença. J'attends toujours que nous voyons icy M. Balbian et M. le comte de Castellamont; sur leur rapport on verra ce qui reste a faire, et aprés cela nous accorderons au sieur Pernet ses demandes, et je le serviray en ce cas de tout mon pouvoir, et je vous en donne ma parole, et que tout le Senat est dans le mesme sentiment.....

XXXIV
— 4 septembre 1671 —

Au Ministre.

Vous me marquez par vostre première lettre le désir qu'a M. le Comm. Balbian de faire le voyage de Savoye, et par la derniere qu'il est conclu. Je tascheray de servir ce cavalier, et il est constant que son voyage sera utile et donnera des esclaircissements a S. A. R., qu'il ne peut tirer que d'une personne qui aura veu les choses, et se sera instruit sur les lieux. La seule apprehension de ce voyage est cause que lon a mis la main au pavé de la Crotte; on disait qu'il n'estoit point necessaire, et cependant on y travaille a present jour et nuit. Il serait à propos que S. A. R. commande que nous allassions tous ensemble voir le lieu pour resoudre ou on mettra la poste, car cette route ne sera jamais accreditée que la poste n'y soit establie.....

XXXV
— 7 novembre 1668 —

Extrait de lettre du sieur Carron Arnaud, contrôleur général des finances en Savoie et conseiller d'Etat de S. A. R. [1]

Le prix faict du chemin de la Crotte, Monseigneur, a esté donné par le sieur Deschamps a mille neuf cent

---

[1] Il y avait entre Carron et Deschamps de forts dissentiments, ce qui fit que le duc parut un moment retirer sa confiance a ce dernier, à la suite de bruits fâcheux qui avaient couru sur son compte. Mais Deschamps s'étant rendu à Turin, réussit à se disculper et à réacquérir la faveur de S. A. R. Quelques années après, il fut nommé président de la Chambre des Comptes de Savoie.

ducatons, sans l'avoir bien entendu, car le sieur Balland dit et faict voir qu'il ne se fera pas pour quatre mille ducatons, si bien ledit sieur Deschamps escripvit a V. A. R. au commencement qu'il se feroit pour trois mille florins qui sont quatre cent trente ducatons.....

Extrait des lettres du sieur Deschamps, maître auditeur à la Chambre des Comptes de Savoie, à S. A. R. le duc Charles-Emmanuel II.

XXXVI

— 15 janvier 1667 —

Lors de l'ascensement du Daze de Suze pour l'augmenter par le moyen du passage des marchandises, je fis que un de nos commis entreprise la voiture, et comme elle estait chere, a cause des grands muletz qui y faut et qui se ruynent dans les montagnes, je proposa de faire passer la charrette chargée de Lyon jusqu'a Saint-Jean de Maurienne moyennant une somme asses modique pour une telle entreprise. Il est vray que lentrepreneur se serait sauvé par le proflct qu'il aurait faict sur ladicte voiture qui auroit cousté la moitié moings, et ce proflct auroit esté sufflsant pour attirer tous les voituriers ou marchands sans diminuer ledit Daz. Madame Royale le trouva bon, la Chambre l'aprouva, mesme donna commission pour tout veoir et examiner, et dans le temps de l'execution on lescluda.

Pour moy je crois que comme je pouvois tirer quelque vanité de ses entreprises Dieu me voulut punir par l'empeschement.

Je supplie tres humblement V. A. R. me pardonner si je suis si osé que de parler pour moi, mais.....

XXXVII

— 18 février 1667 —

Pour le chemin a charrettes dès Lion a Saint-Jean, suivant les ordres de V. A. R. je luy envoie copie des deux advis de la Chambre de l'année 1654 (1). Monsieur le président de la Perouse auquel je ay parlé sen souviens bien et conclud avec moi qu'il y a de l'immortalité dans cette entreprise pour V. A. R.....

XXXVIII

— 22 avril 1667 —

Lors de la proposition que je fis pour le chemin a charrettes dès le Pont de Beauvoisin, je n'estoit encor en Chambre. J'accompagnay Monsieur le Maître Bizet qui fut commis par la dite Chambre, laquelle je crois lui continuera cest emploie, ainsi, Monseigneur, je crois que au premier jour il partira pour revisiter tous les endroicts et en donner advis a V. A. R.....

---

(1) *Pièces justificatives*, nos IV et V.

XXXIX

— 6 mai 1667 —

La maladie de la goutte a empesché le sieur Maître Bizet daller visiter les endroicts par lesquels il faut establir les chemins a charrettes dés le Pont de Beauvoisin a Saint-Jean de Maurienne. Pourquoi, Monseigneur, pour obeir aux ordres de V. A. R. j'en ay pris la commission de la Chambre pour laquelle je partiroi au premier jour avec personnes du mestier.

J'ay prié la Chambre d'agreer que je mena avec moi dans cette visite, le sieur Maître Balland, mon beau-frère, qui a un genie tout particulier pour ces sortes d'entreprises, a fin que en cas d'absence il fust instruict de tout, et peut agir comme moi-mesme, ayant declaré que quoique nous soyons deux la depense ne sera que pour un seul ; ce que recognoissant avantageux, elle a accorde...

XL

— 19 mai 1667 —

Nous avons esté Mᵉ Balland et moi ses jours passés visiter les chemins de la Crotte et de Chailles qui sont les plus difficiles a raccommoder pour faire que les charrettes puissent venir de Lyon a Chambery, et nous avons trouvé que tout est faisable. L'ingenieur Daveroles, que nous avons mené avec nous, a dressé le plan pour puis l'envoyer a V. A. R. Cependant je fais dresser un detail des reparations pour remettre a des prix-facteurs a fin que les ayant veues ils puissent former leurs partis. Ce n'est pas, Monseigneur, que je ne croye que lon aura beaucoup meilleur conte de prendre des mineurs et dautres ouvriers de grosse œuvre a journées avec un homme pour les faire travailler, que den donner des prix-faicts, parce que je vois que lon s'attache plustot a l'entreprise qui semble dificile que au travail quil y aura a faire, outre que la chose sera plus a la durée et mieux establie quand elle se fera par ouvriers dependants que par prix facteurs qui saquittent toujours legerement, sauf pour les murailles quil faudra que lon donnera a prix-faict, toutefois je men remetz et observerai les ordres de V. A. R. Nous avons pris nos mesures en sorte que lon radoucira le chemin de la montagne qui est tout de rochers, qui est de l'etendue de 8 a 900 pieds tout de mesme et a niveau comme cellui du Chasteau de Chambery, cest a dire que la montée de la montagne ne sera pas plus dificile que celle dudit Chasteau, ou les charrettes et carrosses montent facilement. Il ne reste que a visiter les lieux despuis Chambery a Saint-Jean ou nous irons aprés que nous aurons pris nos mesures et estably les choses au poinct destre conclues pour ce que nous avons visité, aprés quoi la Chambre en donnera son advis a V. A. R.....

XLI
— 27 mai 1667 —

L'on a compassé et nivellé la montagne de la Crotte et autres endroictz dés le Pont Beauvoisin a Chambery pour que les charrettes passent chargées. Si V. A. R. desire y faire travailler j'irai a Saint-Jean de Maurienne continuer la visite. Je crois que tout se fera pour 3 a 4/m ducatons, quil est peu a l'esgard de lentreprise.....

XLII
— 3 juin 1667 —

La Chambre envoye a V. A. R. le plan de la montagne de la Crotte, les autres endroicts a reparer ne se peuvent mettre bonnement sur du papier. Jen ay donné le destail a divers massons pour puis escouter leurs ofres quand V. A. R. l'aura ordonné.....

XLIII
— 16 juin 1667 —

Je crois que V. A. R. aura receu le dessin que la Chambre lui a envoyé concernant le chemin de la Crotte. On en a faict encor un autre qui paroist plus ingenieux, mais il sera de plus grande depense. Je lay adressé à Monsieur le Comte Sansoz pour le presenter a V. A. R. La visite qui se doibt faire de Chambery jusques a Saint-Jean de Maurienne n'a rien de commun avec celle que lon a faicte dès le Pont Beauvoisin au dict Chambery ; les prix faicts sen debvront donner tous separement, et l'important sera celui de la Crotte et qui sera de plus de durée ; et pendant que lon y travailleroit on iroit disposant le reste ; pourtant puisque V. A. R. le desire, jirai partout au premier jour.....

XLIV
— 22 juillet 1667 —

Nous avons visité les chemins a charrette depuis Chambery jusques a Saint-Jean ou nous avons trouvé toutes choses faisables et que toute cette depence dés le Pont Beauvoisin jusques au dict Saint-Jean n'exedera pas 4/m ducatons. Il ni a que a scavoir si V. A. R. désire que lon y mette la main, après quoi on publiera les prix-faicts ou on establira le travail au plus grand advantage des finances de V. A. R.....

XLV
— 7 août 1667 —

La Chambre a receu le dernier dessein qui fust faict pour le passage de la Crotte, lequel V. A. R. veut estre suivi ; comme possible V. A. R. naura pas esté informé que la diference de la despense de cellui-cy a cause de ses contours et eslevations par arcades cousteroit les trois quarts plus que le premier qui fust envoyé a V. A. R. Elle a diferé den donner les prix faicts, et sur ce que jay representé que celui qui se fera a meilleur marché sera aussi facile et de moindre entretien que le plus cher, elle a resoulu de renvoyer sur les lieux avec moi les mesmes Ingenieurs pour demeurer d'accord de toutes choses, et en mesme temps je ferai marquer les endroicts du travail en presence des entrepreneurs pour puis recevoir leurs offres, ainsi ce sera un voyage doublement utile, de tout quoi on rendra comte a V. A. R.....

XLVI
— 26 août 1667 —

La Chambre a faict publier les prix faicts pour les reparations de la montagne de la Crotte et du chemin de

Chailles ; on les expediera au moings disant, mercredi prochain, a proportion que cette besoigne s'jra faisant lon fera aussi travailler aux autres lieux en sorte que la charrette puisse dans l'année prochaine passer jusques a Saint-Jean de Maurienne. Aprés quoi je ne desespere pas de la pousser plus avant ; aprés avoir vu les montagnes du Conté de Bourgoigne dans lesquelles les charrettes roulent, on doibt tout esperer de celles-cy.....

XLVII

— 3 septembre 1667 —

La Chambre a donné les prix faicts pour le chemin a charrette de la Crotte et de Chailles a 2,370 ducatons, ce qui me semble bon marché a l'esgard de l'entreprise et du travail qu'il y a a faire.....

XLVIII

— 23 juin 1668 —

Lon travaille incessamment au chemin de la Crotte, ce qui est faict donne desià de ladmiration aux passants. Ils sont sept maistres massons entrepreneurs, pourtant il ni y a que trois qui travaillent actuellement avec une trentaine d'ouvriers. Quoique lon sen soit plainct, Monsieur le Patrimonial ne pousse pas a ce que les dits maistres y aillent travailler avec un plus grand nombre d'ouvriers.....

XLIX
— 1ᵉʳ septembre 1668 —

Monseigneur,

J'ay receu avec tout le respect et ressentiment possible l'honneur quil a pleu a V. A. R. me faire par ses lettres du 24 Aoust, les quelles m'ordonnent de prendre un soing particulier des entrepos de Bellerive et du chemin de la Crotte, ce que je feroi avec exactitude pour meriter l'honneur de la confiance de V. A. R., la quelle verra par mes lettres de la Chambre que tout est dejà disposé pour l'entrepos dudict Bellerive et que j'y ai travaillé avec economie et promptitude. Les entrepos ne plaira pas beaucoup a ceux de Geneve, car outre la diminution de leurs droicts il est posté en veue de cette ville là.

Pour le travail de la Crotte, le sieur maistre Balland en a pris le soing iusques a present, et y a faict travailler avec toute la diligence possible, mais comme c'est une grande besoigne les entrepreneurs s'y sont trompés et se trouvent beaucoup en arriere, et veulent dire qu'ils ont faict bon marché d'outre moitié. Il est vray, Monseigneur, que a l'œil on ne croiroit pas que lon en se peu faire a si bon compte ce qui paroist tant en hauteur que grosseur de murailles pour eslever le chemin, et sur cette plainte des entrepreneurs on fist tenir notte des journées dès le commencement jusques a present pour juger a peu prés de leur perte.

Ils ont employé tout l'argent de leur prix faict a 200 ducatons proche, et ils ont encor presque le plus difficile a faire et disent que il leur en faudroit bien encor autant. Pourtant avec un peu de menaces et environ mil ducatons on les fera parachever, on ne peut se servir d'autres moyens, car ce sont gens qui n'ont rien de plus considerable que leur travail. La Chambre tesmoigne bien quil y a de lequité a les secourir, mais c'est a V. A. R. de commander, et si elle a la bonté d'ordonner a la Chambre dy pourvoir avant quelle donne feries tout cessera. Pour moi, Monseigneur, je m'estudieroi autant quil me sera possible a ce que la confience qui plait a V. A. R. me tesmoigner ne soit pas inutile a son service pour pouvoir meriter la qualité

  Monseigneur
  De V. A. R.
Chambery 1 septembre 1668
  Tres humble tres obeissant tres fidelle serviteur
  et subiect,
    Deschamps

L

— 14 septembre 1668 —

Pour la Crotte on y travaille incessamment ; outre le grand travail qu'il y a a faire, c'est un lieu ou on ne peut mettre toute la quantité douvriers que lon souhaiteroit a cause du destroict de la montagne. Aprés les vendanges qui est le temps que lon trouvera plus douvriers, on fera travailler aux dicts endroicts a fin que tout se puisse trouver faict en mesme temps.....

LI

— 26 octobre 1668 —

J'ay esté encores cette semeyne a la Crotte ou il y a 40 ouvriers qui y travaillent. Et comme ses mesmes entrepreneurs se sont mespris aussi bien au chemin de Chailles que a celui de la Crotte, ils se sont declarés ne pouvoir entreprendre ce dernier au prix qui leur avoit esté expedié, mesme quils ne pouvoient esgalement diligenter l'un et l'autre. Ce que ayant recognu la Chambre ma ordonné de chercher dautres entrepreneurs et faire une nouvelle visite au dict lieu, pour que on peut establir un chemin de durée et facile pour les charrettes. Ce que j'ay faict avec les principaux massons, et gens d'industrie du voisinage; en sorte que j'en ay faict un devis par le quel, soit a force de murailles soit par creusements et abattement ou escarpement de rochers, on establit le chemin en sorte que il ni aura presque point de montée, et d'un lieu estroict eslevé sur un bord de riviere qui faict precipice ou les gens de pied peuvent seulement passer, on fera quil sera esloigné de la riviere en la plus grande partie, auxquels lieux il y aura 10 ou 12 pieds de large, et encore 15 ou il se pourra; et aux rochers vifs et hauts quil faudra escarper et picquer il y en aura du moings 8 pieds avec des parapets au bord de la dicte riviere; mais il en coustera 430 ducatons de plus qu'il nestoit expedié, et la Chambre a la quelle j'en ay rendu compte ma mander de contracter sur la cognoissance qu'ils ont heu de l'entrepreneur qui est de ce voisinage, et qui je crois fera bien.

J'ay eu un secret pour faire une poudre a miner le roc qui faict plus d'effect dans un jour que la commune ne faict dans douze et que j'ay apris d'un allemand, que j'ay donné a cest entrepreneur pour l'encourager, et j'ay escript au poudrier Bertholus d'en faire, et ay dict aussi aux entrepreneurs de la Crotte d'en aller prendre. Celui qui me la donné la experimenté, ainsi je crois que cela vaudra beaucoup. Je ne l'ay apris que ces jours passés...

LII

— 25 janvier 1669 —

L'on travaille avec chaleur aux rochers du chemin de Chailles et on taille toutes les pierres quil faudra aux entrepos de Bellerive, en attendant que lon puisse massonner. M. le Moistre Balland a aussi l'œil sur la Crotte...

LIII

— 16 mars 1669 —

Je me donne lhonneur de rendre compte a V. A. R. de mon voyage par les chemins de Maurienne. La semeyne passée despuis estant revenu sur les lieux on a trouvé que pour la commodité et lesclat de la chose il estoit mieux de tenir tous les chemins par le bas. Ainsi il n'y aura que pleyne depuis Ayguebelle jusques a Saint-Jean de Maurienne. La Chambre envoye le destail de tout a V. A. R...

LIV

— 4 mai 1669 —

En suitte de la visite que je fis en Maurienne pour le chemin a charrettes dont je heu lhonneur de rendre compte a V. A. R., j'avois disposé les choses a une entiere execution, et pour ce les prix facteurs s'estoient mis en estat d'y mettre la main, et j'en avois plusieurs qui concouroient a l'entreprendre, et que jentretenois dans lesperance pour en tirer meilleures conditions. Despuis V. A. R. a mandé quelle desiroit que Monsieur le Comte Castellamont vint visiter tous ses lieux là avant d'en expedier les prix faicts. Sur quoi jay creu de debvoir &c...

LV

— 24 mai 1669 —

Pour obeir aux ordres de V. A. R., je part tout presentement pour aller a Saint-Jean de Maurienne rencontrer M. le Comte de Castellamont, et lui faire veoir la route qu'il faut tenir pour le chemin a charrettes, et les lieux a reparer. Comme les eaux sont grosses par la fonte des neges on pourra bien juger de la certitude ou incertitude du chemin d'en bas, qui seroit plus commode et plus de reputation que par le haut.....

LVI

— 1ᵉʳ juin 1669 —

J'ay rencontré à Saint-Jean de Maurienne M. le Comte de Castellamont, lequel je conduict par tous les endroictz ou les charrettes debvront passer, et faict veoir toutes les reparations qui estoient a faire. Comme cest une personne beaucoup experimentée, je men remets a ce qu'il dira a V. A. R. Je tacheray de lacompagner a la Crotte et a Chailles ou il trouvera les choses bien advancées.....

LVII

— 3 août 1669 —

La Chambre a faict publier les prix faicts des reparations a faire aux quattre endroicts les plus importants pour le chemin a charrettes de la Maurienne, qui sont le rocher proche du pont Solet, un pont de pierre et les deux chemins au bas de deux monts despierre. Et pour ce je seray mercredi prochain avec M. le Patrimonial a Ayguebelle, pour expedier les prix faicts aux moings disants.....

LVIII

— 16 août 1669 —

J'arrive tout presentement de la Maurienne avec M. le Patrimonial qui y estoit allé dans la pensée que lon avoit que peu après les publications faictes pour donner les prix faicts du dit pont de pierre et escarpement de trois rochers il sy trouveroit des entrepreneurs. Il sen est trouvé quelques uns dudict lieu, mais si peu experimentés et si peu hardis que crainte de se faillir ils nous demandoirent le double et davantage de ce que nous croyons que la besogne coustera ; en sorte que pour les escarpements a faire aux dits trois rochers nous avons pris des mineurs a journèe, et avons remarqué que de cette maniere, tenant gens a bien commander, on gaignera beaucoup et plus de la moitié de ce que pretendoient ses entrepreneurs.....

LIX
— 7 septembre 1669 —

Comme V. A. R. ma ordonné de lui rendre compte de temps en temps de l'advancement du travail qui se faict pour les grands chemins a charrettes, je la puis asseurer que tout s'advance bien, et que les Romains n'ont jamais rien faict de plus memorable que ce que V. A. R. faict faire.....

LX
— 18 octobre 1669 —

Les grands muletz passent desià a Chailles et a la Crotte. Chailles qui est un chemin sur le rocher de demi lieue de long nest encor absolument parachevée, quoique lon y passe librement, mais comme il y a fallu quantité de murailles et petits ponts a petits ruisseaux qui ne paroissent bien qu'en hivert, je differe d'en recevoir le prix faict jusques a ce que l'hiver soit passé pour faire remedier par les prix facteurs aux endroictz que lon verra necessaire.....

LXI
— 15 novembre 1669 —

Les charrettes passent par le chemin de Chailles, sentende celles du voisinage pour leur usage, car jusques a ce que le grand creus de la Crotte soit remply les charrettes estrangeres ny viendront pas, les grands mulets ont pris cette route et les voituriers aussi. Les charrettes et grands mulets peuvent passer dicy jusques au de la du mont despierre, en effect tout passe a present par dessoubs; dans tous ses rochers le chemin y est de 15 a 16 pied de large. On se sert du pont de bois qni sappelle pont Solet, proche d'Argentine, jusques a ce que lon fasse un de pierre. Lon travaille presentement au mont qui sapelle Rochillon, ou il y a 50 ouvriers mineurs ou manœuvres, moyennant quoi on ira tout par le bas de Chambery a Saint-Jean.....

LXII
— 6 juin 1670 —

Après les publications ordinaires, le pont Solet qui est proche d'Argentine a esté expedié a l'esteinte de la chandelle, et au moings disant, qui a esté a deux mil cinq cent cinquante ducatons. Il sera d'une arcade de septante pied de vuide et seize pied de large et tout de tuf picqué en parement. On a parachevé le Rochillon ou le passage est en bas sur le rocher, large de quinze a vingt pieds, et tout a pleyne, si bien que les trois grands rochers qui fesaient les chemins les plus dificiles sont unis.....

LXIII
— Décembre 1670 —

J'ay dit a M⁰ Balland les plaintes que lon a faict a V. A. R. du mauvais chemin de la Crotte. Il y ira au premier jour et moi aussi.....

LXIV
— 29 avril 1672 —

Jay receu le prix faict du pont Solet qui est proche d'Argentine, lequel a une seule arcade de 76 pieds de vuide, basti en partie de tuf que lon peut dire tres beau et bien faict. Jay donné prix faict pour les armoiries de V. A. R. d'une croix blanche avec la couronne fermée dessus et le millesime, qui est le mesme que lon a mis au pont Saint-Charles.....

Lettres du sieur Balland, maître auditeur à la Chambre des Comptes de Savoie, à S. A. R. le duc Charles-Emmanuel II[1].

LXV
— 22 octobre 1667 —

Jay tarde jusques a cet ordinaire de donner compte a V. A. R. du travail qui se faict au chemin de la Crotte, dont la direction m'est tombé par l'absence de M. le Maistre Deschamps, mon beau-frère, affin de ne limportuner par des projects, et de commencer ma premiere relation par une execution apparente de ses commande-

---

(1) Nous donnons *in extenso* la correspondance de Balland où nous n'avons supprimé que les formules hiérarchiques du commencement et de la fin, sauf dans les lettres du 12 novembre 1667, du 17 juillet 1674 et du 26 avril 1675, dont nous donnons le texte complet.

ments. Je mis donc en besogne les entrepreneurs le vingt cinq du mois passé et les fis travailler dans le milieu de la descente au nouveau chemin qu'on veut establir, pour ninterrompre le commerce, et nempescher le passage avant lhiver, s'est la ou en est le plus gros et le plus difficile de ce travail; car le reste est de plus de force que dindustrie. Jay establi pour controlleur le chastelain des Echelles a qui jay laissé par écrit les instructions necessaires pour la solidité de cette entreprise. Son âge avancé et son employ m'ont servis de garants de sa fidelité. Neammoins comme a mon dernier voyage je laissay vingt cinq ouvriers occupés, tant a coupper des pierres qu'a creuser des fondations pour monter une muraille de la derniere importance pour ce chemin, je jugeay estre du service et pour eviter aux frais de mon seiour d'y envoyer un homme dont lexperience me fut connue, et qui puisse, a moins de depense que moy, vellier aussy utilement dans ce commencement a la fidelité des entrepreneurs, qui m'est un peu suspecte, par la crainte qu'ils ont de ne pas trouver leur compte dans ce travail, qu'ils voyent grossi dés leurs dernieres chaleurs qu'ils firent paroistre lorsque le prix faict leur fut expedié.

C'est un nommé Cœsar Verdet, maistre masson des longtemps en cette ville, aussy experimenté dans son art qu'aucun qu'il y en aye, et qui a laissé des marques de son experience dans plusieurs bastiments considerables quil a elevé dans cette mesme ville a la satisfaction de ceux qui lont mis en besogne. Il me promist a son depart qui fut lundy dernier de veillier a ce que les fondations de cette muraille soient bien solides, et quelle soit bien liée selon son art; car de la depend la durée de la depense que V. A. R. a la bonté de faire, et a mesme temps de faire creuser dans un endroict que je luy ay indiqué, pour reconnoistre le fort et le foible des talut du rocher qui doibt soustenir le travail qui se faict a present. Car si se talut ne se trouvoit elevé que des débris mobiles du rocher, il seroit necessaire de jetter de temps en temps en dehors de la muralie des eperons ou des glassis, de peu de depense et de grande utilité.

Jattends icy sa relation dimanche prochain, jay convenu si V. A. R. lagrée pour son salaire a demy ducaton par jour lors de son sejour et de lui payer la depense et le louage de son cheval pour le jour de lallé et du retour, tant seulement, s'est ce que jay voulu marchander premier quil soit parti de peur de le mettre en pretention de demy-pistole qu'on donne aux autres qui ne sont plus habiles que luy pour cela. Je partiray dans quelque temps pour marquer et faire continuer ce nouveau chemin en descendant par le reste du talut du rocher, a quoy les entrepreneurs peuvent travaillier pendant l'hiver et lors que les gelées empescheront de faire la murallie a cho et a sable a fin qu'a la prime on commence d'essayer les charrettes pour porter les materiaux sur le travail qui se continuera en remontant jusques a la cime de la montagne comm'encor pour voir l'estat de la besogne qu'ils auront faict.....

LXVI

— 12 novembre 1667 —

Monseigneur,

Je voudrois avec passion que ma capacité et mon experience puissent respondre a la grace que V. A. R. a eu la bonté de me faire par sa lettre du 28 du passé, en approuvant les soins que jay pris pour le chemin de la Crotte, et que le temps que jay mis a lestude des loix euss'esté mieux interrompu par un'application plus serieuse aux mathematiques ; puisque V. A. R. me faict la grace de me tesmoigner quelle a a cœur l'execution de ce travail, et quelle me commande de continuer mes soins, je le feray, Monseigneur, avec tout le zele, et toute la fidelité possible : j'espere que la fin fera voir combien jay son service a cœur, et la sincerité de ma conduitte. Je nay pas manqué a prendre les advis de la Chambre pour precaution des deux, ainsy que V. A. R. me l'ordonne par sa mesme lettre jusques a m'estre mis deux fois en compromis avec l'ingenieur Daverolle, pour bien faire commencer ce travail, et pour epargner la depense ; dez la premiere fois que j'y fus je m'y suis tout appliqué, et j'observay pour lors un equivoque considerable que faisoit cet ingenieur sur la hauteur de la montagne quil avoit pris en ma presence, qui auroit asseurement embarrassé le travail et mis les entrepreneurs hors de mesure, ce qui me força den dresser moy mesme une figure geometrique, et je taschay de le convaincre par demonstration. Mais comme je le mettois hors de son metier de masson, je ne peu rien gagner, son obstination m'obligea den faire rapport en Chambre, qui delibera de prier le R. P. Dechales, recteur des jesuites, docteur, regent et autheur en mathematique, de vouloir aller sur les lieux pour reconoistre la verité de ma supputation, ou estant le bon homme passa expedient de son erreur, et trouva trente trois pieds d'hauteur de plus qu'il n'avoit marqué sur le rocher ; je me prevalu de mon arbitre, estant sur le lieu, et le priay de voir si nous pourrions establir ainsy que je croyois une partie de chemin sur le talut et par la terre

ferme affin d'eviter la grande despense, tant pour baisser
le rocher par en haut, que pour hausser par en bas, nous
en convismes. A mon retour, comme V. A. R. pressoit
pour avoir le dessein, Daverolle estant resté pour prendre
quelques mesures a sa fantaisie, je dressay une figure
avec le R. P. Dechales, que je fis designer au tour par
un peintre de cette ville, la quelle renvoyay a V. A. R.
avec ladvis de la Chambre; de la a quelque temps Daverolle remit son dessein que M. le Maistre Deschamps
envoya aussy ; en reponse V. A. R. agrea le dernier,
lequel nous estant presenté je fus contrainct de remons-
trer pour le bien du service que ce dessein estoit de trop
grande despense, et que ce chemin se pouvoit mieux
faire et a mellieur marché ; on m'escouta, et je fis voir
en detail au prix bas que Daverolle voulut neuf mille
ducatons, depense qui n'auroit asseurement eté executé
pour douze, de quoy V. A. R. estant informé elle fist
renvoyer le premier qui fust encore contesté ; je retournay
sur les lieux avec le R. P. Dechales pour marquer terre
a terre les endroicts ou je voulois passer, on ne le peut
contredire, et on forma au raport de M. le Maistre Deschamps la resolution de l'executer. Je laissay pour lors a
mon beaufrère le soin de le faire faire puisqu'il en avoit
la particuliere direction de V. A. R.; je me trouvay
neanmoins a l'expedition du prix faict, ou ayant remarqué
dans le devis quelqu'equivoque au prejudice du service,
je remis a M. le President Dechales un memoire pour le
reparer, ensuite de quoy M. le Patrimonial passa le contract en mon absence; mais comme les affaires ont appelé
M. Deschamps ailleurs, jay bien voulu pendant ses feries
et a son absence l'excuser, aussy jay dressé un verbal
specifique que jay remis en Chambre, aprés quoy jen

donnay advis a V. A. R. Je la supplie tres humblement de pardonner ce detail qui pourra possible luy avoir esté ennuyeux, puisque la satisfaction que jay d'avoir prevenu son commandement m'y a forcé.

Je vis le travail la sepmaine passé qui savance bien, on y a tousjours continué vingtquatre ou vingtcinq ouvriers dez ma derniere lettre, il y a plus des deux tiers de la muralie fondé sur le rocher et sur le ferme qu'on a trouvé fort profond. La besogne se faict assez bien, et commence a paroistre hors de terre ; on a decouvert entierement une muralie de six pieds depesseurs faicte a chos et a sable, qui faict croire que le chemin a desja esté autre fois par là, ell'a peri dans un angle par le manquement de la fondation, qui a obligé a faire creuser dix pieds et demy plus bas pour etablir plus seurement la nouvelle, qu'on a assi sur le rocher vif. Quoique le travail soit fort rude on en sortira asseurement a la satisfaction de V. A. R. et a l'utilité du public, je ne voy rien que le temps ou la foiblesse des ouvriers qui en puisse retarder lexecution, car quel accident quil arrive, il ne peut estre qu'a lavantage de la besogne. On apprehende un rocher detaché qui periroit asseurement par sa cheutte trois ou quatre maisons au dessoubs, mais il redresseroit en tombant le chemin et fourniroit des materiaux qui seroient de grand advantage pour les entrepreneurs ; s'est tout le risque quil y a. Jay marqué le reste du chemin qui sera le travail de cet hiver pour faciliter le port des materiaux au printemps.

On n'a encor rien faict a Chalies, je nay pas creu du service de partager les ouvriers qui sont les mesmes, il suffira dy mettre la main quand on aura les deux tiers de la besogne de la Crotte de faict, car outre que ce chemin seroit presque inutile si celuy la n'estoit parachevé, on pourroit loger prés de deux cents ouvriers sans embarras dans le travail commencé. On ny perdra point de temps, et quand les journées seront melieures les entrepreneurs mont promis daugmenter le nombre des ouvriers, il le faudra indispensablement pour depecher, accause du passage qui est fort frequent, car dez lors qu'on sera entre les deux rochers, on ne peut s'empecher de le fermer, et les passants ne seroient sages de sy hazarder. Je feray tout mon possible puisque je suis par inclination et par debvoir

   Monseigneur
   De V. A. R.

Le tres humble tres obeissant tres fidelle serviteur et subiect,

         BALLAND.

A Chambery ce 12 novembre 1667.

LXVII
— 4 décembre 1667 —

Je ne manqueray point a continuer mon assistance a M. le Maistre Deschamps mon beaufrere dans lexecution du nouveau chemin de la Crotte, comme V. A. R. ma faict lhonneur de me le commander par sa derniere lettre. Car outre l'aliance qui est entre nous deux qui rend nos interests communs, les fonctions de nos charges et le zele que nous sommes obligés d'avoir pour le service nous unissent tousjours et nous serviront de concert lors que nostre bonne fortune nous en fournira les occasions.

Jay esté visiter par ordre de la Chambre, il ny a pas

bien longtemps, le travail commencé. Jy ay laissé environ ving ouvriers qui s'occupent a monter des muraillies, et a creuser le reste des fondations qui seront remplies avant la rigueur de l'hivert. Le plus dangereux est en seureté ; ils ont aussy commencé la muralie seche a la quelle ils pourront touts travailler dans la rigueur de la saison. Ainsy que je l'avois marqué, jay faict de mesme mettre la main devant moy a la naissance du nouveau chemin qui sera fort facile et qu'on ne pourra changer sans que je le connoisse. Enfin, Monseigneur, j'ay ballié touts les ordres necessaires aprés une reveue fort exacte des hauteurs qui me faict croire que quoiqu'il arrive on viendra infailliblement a bout de cett'entreprise, et que si les entrepreneurs ne peuvent entierement satisfaire a ce quils ont promis pour la somme portée par leur contract, ils rendront du moins le chemin aussi facile quil est dans la ville de Montmelliant ou les charrettes passent les danrées fort souvent.

Jay moi-mesme sans scrupule porté l'instrument a diverses montés, qui sont assés frequentés en ce pays que le commerce rend pratiqués, et de leur elevation je regleray asseurement celle qui sera necessaire a cette monté pour le passage des charrettes. Je ne ballie pas dautres particularités qui ne pourroient qu'estr'inutiles puisque V. A. R. n'a pas veu ce lieu qui paroist affreux, j'espere qu'aprés le temps qu'il faut aux entrepreneurs quelque passant en pourra donner un compte qui sera plus energique, surtout s'il aura veu decharger les mulets a la monté ou a la descente, et porter pour un sol la moitié de la charge par de pauvres paysans a nuds pieds durant plus de cinq cents pas de longueur a travers d'un rocher tout pointu et mal unis.....

LXVIII

— 28 juillet 1668 —

Le nouveau chemin de la Crotte s'avance fort; il n'y a plus a doubter que les charrettes ny passent quand il sera finy, je ay laissé trente ouvriers qui font bonne besogne. A mon sentiment les moissons sont cause qu'ils ne sont en plus grand nombre ainsy que les entrepreneurs m'ont dict. Ils font passer la charrette dans la longueur d'environ de deux cents toeses pour le port des materiaux sans beaucoup de peine; ce nouveau chemin se trouve elevé par le talut du rocher, et par la murallie quon y a faicte a lendroit de l'ostellerie, qui est la fin de la descente du chemin da present, denviron cent pieds de hauteur qui adoucira bien cette descente; il est dans cet endroict a la hauteur quil le faut, et on va depuis là jusques a la pleine sur un pied de pante dans huict pied de longueur. On travallie maintenant a remonter jusques a la cime sur une muralie de trente sept toeses de long, qui est toutte fondé sur le ferme. Je le faict forcer de deux pouces par toeses de plus que lautre descente, cest a dire quil y aura un pied deux pouces sur huict de longueur (1), et s'est pour gagner lhauteur qui reste et pour epargner deux mille ducatons de depense aux finances de V. A. R., quil auroit fallu de plus. J'en ay faict la demonstration a nostre compagnie qui juge a propos de le faire ainsy presente-

---

(1) Les pentes indiquées par Balland correspondraient pour la première partie du mur à 12 1/2 %, et pour la seconde à 14 1/2 %. Ces pentes sont actuellement de 10 1/2 % et de 17 %. La moyenne est à peu près la même.

ment, et je ne crois pas que cette augmentation soit sensible aux voituriers.

Quoique le vieux chemin soit rompu, on ne laisse de passer par une breche que jay faict laisser, et dans une quinzaine de jours on pourra passer tout au long du chemin nouveau. Je crois qu'on interrompra point le passage qui est assez frequenté, je prends touttes les precautions pour cela que je puis, et du moins on le rendra toujours libre quelques jours de la semaine. S'est de quoi je faicts advertir les passants, qui voient ce travail avec plaisir. Il reste environ quatre vingt et dix toeses de muralie a faire sans le parapet, s'est là ou est le plus difficile du travail, car les remplissages il est facile de les jetter du haut en bas, et quoique il y en aye beaucoup a faire ils se feront par des ouvriers qui ne seront si chers que les massons.

Les entrepreneurs se plaignent et connoissent quils n'en peuvent venir a bout pour les sommes portés par leur contract, je leur faicts esperer en la bonté de V. A. R., et certes ils n'ont pas tort, car ils se sont mescontés. Il vaut pourtant mieux qu'ils ayent moins que s'il avoit de trop : j'y tiens par ordre de la Chambre un maistre masson qui a soin de bien faire faire la besogne, et faict un contrerolle des journées, sur quoi on pourra avoir quelqu'esgards, si V. A. R. le commande quand il sera temps.....

LXIX

— 13 octobre 1668 —

Je fus a la Crotte la semene passée par commission de la Chambre, et j'ay reconus ce travail bien et fidelement faict ; quoique les entrepreneurs se soient mescontés de beaucoup pour le prix, ainsi que V. A. R. a esté informé par la compagnie, ils ne scauroient changer au dessein de la maniere quil est commencé sinon quils le fassent plus rude, s'est a quoy je prendray garde. La reussite elle est infaillible, il y passa six mulets chargés a la descente il y eut mardy passé huict jours ; il est vrai quils eurent bien de la peine, mais jespere quavant que le froid fasse cesser les entrepreneurs ils le rendront facile pour les mulets. Jay ballié les moyens pour cela ; ils sont quarante deux, tant massons que manœuvres que j'ay reconnu avoir travalié assés diligemment depuis mon dernier voyage pour avoir trouvé douze toeses de muralies faictes a huict et dix pieds d'espesseur, huict toeses cubiques de remplissage par derriere ; le parallele est achevé, ils auront depuis mon retour commencé la monté, il y reste encor bien du travail a faire pour faire passer les charrettes, et sependant on interrompra point le passage. S'est ce qui a obligé les entrepreneurs de se departir de leur prixfaict de Challie quils avoient pris avec la mesme intelligence que celuy de la Crotte. J'en ay refaict le devis par ordre de la Chambre ; on tachera de negocier pour le ballier a quelque bon ouvrier ; je me suis informé ce voyage, le travail ny est si difficile qua la Crotte, mais il est bien long et asses rude. Ce chemin se doibt etablir au bord d'un precipice qui dure plus dun quart de lieue, il y a des endroicts qui sont affreux, neammoins on le peut bien accommoder, et le faire de douze pieds de large et seize dans les contours, il ny a pas de montés fascheuses ; le tout consiste a quelques muralies, des rochers a escarper, couper des broussallies et baisser de terre.....

LXX
— 25 octobre 1668 —

Je parts ensuitte du commandement de V. A. R. pour faire prendre la carte, ou le plan du chemin de la Crotte. Puisqu'on ne scauroit changer au dessein qui ne consiste qua alonger une descente qui n'estoit rude que parce que elle estoit trop courte, et pour cela on y faict des muralies par en bas qui substiennent les remplissages, parce que on n'a peu baisser par en haut a cause d'une abondance d'eau qui sort en temps de pluye d'une caverne avec une telle impetuosité quell'auroit peu renverser le travail.

Feu Madame Royale, de glorieuse memoire, y fit faire une muralie qui conduict ce torrent dans un antre du rocher hors du chemin ; on n'a osé y toucher de crainte de tout gaster, outre qu'il auroit été plus difficile d'escarper le rocher que de faire ces muralies (1).

Le peintre aura bien de la peine a le tracer si rude quil estoit, puisque les mulets ny ont jamais peu passer jusques a present une charge entiere, et difficilement pouvoient-ils monter ou descendre heuides. Ce passage nonobstant l'injure de ce lieu a tousjours esté practiqué par quantité de voituriers de Provence et du Dauphiné, pour le port des orenges, des huiles, des marées, draps de Roman, charges de Valence, chapeaux et autres especes de marchandises que ce pays la fournit icy, en Suisse et allieurs. La comodité quils avoient a faire porter les basle par des paysans acoustumés a ce travail, comme

---

(1) Madame Royale ne fit que faire rétablir et réparer ce mur dont la construction remonte probablement à l'époque romaine.

les marrons du Mont-Ceny (1) les y a entretenus jusques a cett'heure, s'est ce qui a ballié plus de peine affin de ninterrompre ce commerce qui continue asses frequemment, et qui retarde les ouvriers pour les laisser passer entre deux rochers d'une hauteur excessive, qui bordent des deux cotés a cet endroict le plus rude de ce chemin et sur lesquels les entrepreneurs sont presentement montés pour tirer a force de mines les materiaux quils ont besoing pour achever la muralie et le remplisage au dessoubs. Les debris qui sont desjà tombés ont rempli divers mauvais pas, et couvert en partie un grand degré de sept à huict pouces d'hauteur, chasque pas est de courte foulée qui faisoit le plus grand risque de ce passage, puisquil ny a asseurement point de monté de maison ny si haute, ny si difficile que celle-la. S'est ce qui obligea le voicturier dont j'informay V. A. R. par ma derniere lettre dazarder cinq mulets et un cheval chargés a la descente. La satisfaction que j'eus de voir ce premier fruict du travail mobligea a lescrire en verité a V. A. R. puisque s'estoit beaucoup a mon sentiment qu'on eusse desjà gagné ce premier point.

J'ignore, Monseigneur, par quel moyen ce chemin se pourra achever sur la fin de l'année courante ; car asseurement a moins que d'un secours surnaturel il est impossible d'en voir si tost la fin. On y a pourtant travaillié sans discontinuation des le 27 Septembre de lanné derniere et avec etonnement de ceux qui l'avoient veu auparavant. Deux cent toeses de muralies de bon quartier piqués a grosse pointe en face et sur les joints, six vingt toeses

---

(1) Voir la note de la page 109.

cubiques de remplissage de cinq cent douze pied chascune, faict en partie de terre, partie de rocher escarpé a force de mines, le justifie. S'est un travail qui paroist hors de terre sans parler des fondations, qui ont ballié bien de la peine pour les asseurer dans le panchant d'un rocher quil a fallu coupper en degré en divers endroicts pour les bien affermir; il reste ancor, sans comprendre ce qui n'est porté par le prixfaict, a faire pour le moins cent toeses de murallie sur six et dix pieds depesseur en fondation, quon a esté contrainct de faire aussy epesse a cause qu'au bout de la monté il faut quelle aye le moins cinquante six pieds d'hauteur (1), et pour precautionner le fardeau et le remplisage par derriere, cette pante sera seulement d'un pouce trois quarts par pied (2) ou d'un pied trois pouces (3) sur nostre toese en long; on ne scauroit la faire plus rude pour passer les charrettes; enfin la montagne a deux cent vingt et sept pieds, que j'ay mesuré moy mesme plusieurs fois, en hauteur, il faut que la longueur proportionne l'adoucisse; cinq cent toeses cubiques de remplisage quil faut aussy detacher d'un rocher de pierre blanche, et grasse, sur des bancs de dix a douze pieds depesseur qui refuse la mine, et qui ne faict que de petits eclats.

V. A. R. aura la bonté de juger si dans six semaines au plus, qu'il y a de temps a travaillier cette anné jusques au neiges et au gelés dans un pays fort froict, il est possible de rouler tant de pierres. Les entrepreneurs ont

---

(1) Environ dix-neuf mètres.
(2) 14,60 p. °/°.
(3) 15,80 p. °/°. On voit que depuis sa lettre du 28 juillet, Balland avait reconnu la nécessité d'augmenter le pente de la route.

maintenant huict esguillies qui travaillient incessamment a percer des mines, quarante quattre ouvriers tant massons que manœuvres, et avec tout cela, on a peine de voir augmenter le travail. Je ne crois pas qu'on en puisse mettre beaucoup davantage tant a cause du passage que parce que la massonnerie se faict au dessouts des mineurs, ce qui les oblige de monter touts sur les rochers de crainte d'estre accablé par des éclats de gros quartiers, qui se brisent en choquant des deux costés du chemin qui est entre les deux montagnes, et redescendre quand les materiaux sont en bas pour les mettre a leur place. Ces allés et venues emportent bien du temps, la reussite neammoins de cette entreprise est infaillible et on peut adoucir ce chemin autant que lon voudra, j'ay pris touttes les precautions pour cela, mais plus douce que cette monté se fera, plus cela coustera.

Les prixfacteurs ont dejjà deux cent ducatons bien employés au de là du prix porté par le contract.....

LXXI
— 3 novembre 1668 —

Le travail continue par quarante six ouvriers tant massons que manœuvres, et sans exageration il semble a ouir ce fracas que ces montagnes doibvent renverser. Je fis mettre le feu pendant mon sejour de deux jours a quarante mines, mais comme ces rochers sont mols, elles ne firent leffect que je souhaitterois. On a brulé jusques aujourdhuy douze cent livres de poudre sans que pourtant a mon sentiment la besogne soit a demy faicte, le plus rude et le plus difficile reste a faire.

Les mineurs les plus prés sont ellevés dans le rocher de soizante et quinze pieds, ou ils montent par des escheles et des cordes ; il y en a qui sont au dessus de deux cent et quinze pieds, et a les voir d'embas il faict fremir.

J'ay esté partout, mais le service de V. A. R. n'exige pas que j'y retourne.

Je suis aussy entré dans une caverne qui sert a escarter les eaux du chemin, que la nature a faict plus de vingt pieds de large et de cinquante d'haut dedans cette montagne. Et aprés y avoir marché plus de cent pas je fus contrainct a revenir par l'obscurité affreuse ou je me vis. Je puis neamoins asseurer V. A. R. que les eaux y auront un libre passage, et que ce canal naturel pourra mettre en seureté le travail qu'on y faict ; il a sa décharge fort rapide, et pour peu de soins qu'on prenne a les reduire, elles ne pourront faire du domage. Enfin, Monseigneur, je ne scaurois que dire sur cet ouvrage sinon que cest un des rudes et fameux travaux qui se soit faict il y a bien long temps dans l'Europe. Ceux qui ont veu ce lieu en peuvent porter temoignage, il y en a beaucoup qui le revoyent par curiosité.....

LXXII

— 10 novembre 1668 —

Je mappliqueray tout, tout entierement a solliciter les entrepreneurs, qui ne sont plus qu'ouvriers a journèe, de faire toutte diligence pour l'achevement de ce penible travail. La difficulté que jy rencontre pour le temps que V. A. R. commande, est que je ne scay ou loger une plus grande quantité d'ouvriers puisque l'achevement de cette entreprise na que trente six toeses et demy detendue dans une petite largeur, comme encor la frequence des passants qui demandent une liberté de passage, et le risque des mineurs qui detachent les materiaux des rochers voisins. Je tacheray a y en faire mettre autant quil se pourra apprès lhiver, car pendant cette saison je ne crois pas quil soit du service de V. A. R. dy en tenir davantage, au contraire je crois quil en faudra diminuer pour n'en avoir des inutiles. La rigueur du froict, les incommodités des gelés, et la brieveté des jours pourront estre des motifs economiques, j'en participeray en Chambre, et mon zele, et mon affection pour le service de V. A. R. ne finira jamais qu'avec ma vie, s'est tout ce que je puis repondre a la lettre dont V. A. R. m'a honoré le 2me de ce mois.

J'attends un maistre mineur d'Urtière ou d'Alevard que M. le controlleur Carron ma promis de faire venir, sur la priere que je lui en ay faicte pour eprouver sil ne pourra point prendre de biay pour faire eclater ces rochers, car asseurement ces massons bruslent plus de poudre que les materiaux ne vallent. Ils sont accoustumés a cette pierre de lement auprés de cette ville qui est eclatante, ils ne scavent quelles mesures tenir a celle la. Ils ont essayé de boucher le trou des mines avec des chevilles de bois et de fer, avec peu de succés, on les a chargés avec des gros quartiers sans fruict. Je pretends dy faire mener du gist pour les boucher, et de faire un essay de la poudre forte que les poudriers de V. A. R. ont composé ces jours passés. L'ainé Bertholus m'a promis de my accompagner, il a curiosité de voir ce travail, je lui en feray prendre l'envie, et il balliera son sentiment sur la doze et sur la maniere qu'on si doibt prendre, c'est son mestier. Enfin je noublieray rien de ce que je pourray m'imaginer pour faire faire promptement avec solidité cet ouvrage.....

LXXIII

— 17 novembre 1668 —

V. A. R. trouvera dans le paquet de la Chambre la carte et le plan de la montagne de la Crotte, quelle mavoit commandé pendant les feries. Je lay bien voulu mettre a lexamen et a la censure de mes confreres premier de lenvoyer, afin d'avoir leurs sentiments pour mieux continuer un travail qui attire plus de depense quon en avoit projetté, par le peu d'intelligence des entrepreneurs. Je puis neamoins asseurer V. A. R. que le plan geometral avec son elevation est tout autant fidelle qui se peut mettre sur du papier, et les enfoncements de la perspective representent assez bien la veue affreuse de cette montagne. Neamoins si cette platte peinture ne pourroit se bien expliquer, le peintre La Mouce qui la faicte, a preparé un modele pour un relief quil achevera si V. A. R. le commande.

Les ouvriers sont quarante cinq en nombre, un de moins depuis la derniere fois que je les vis. Celuy qui manque fut accablé la sepmaine passé par la cheutte d'une grosse pierre qui l'écrasa contre un rocher. Le pauvre malheureux y avoit travaillé dés le commencement sans discontinuer, il a laissé une pauvre femme enseinte avec quatre petits enfants, ainsy quon ma dict. Si s'estoit le bon plaisir de V. A. R. de faire faire quelqu'aumosne a cette vefve et a ces orphelins, outre que seroit une œuvre de charité, cela pourroit enhardir les autres qui courent le mesme risque.

On travaille en Challie, et l'entrepreneur a associé dautres massons qui font plusieurs brigades ainsy quon ma dict. Je voudrois bien qu'il ne resta de travail a faire a la Crotte que trois fois autant quil y en a la, et pouvoir etendre les ouvriers pour avancer besogne.

Il ne sy perdra point de temps neamoins, et japporteray touts mes soins a le faire depecher le plus tost quil se pourra pour rencontrer la satisfaction de V. A. R. quelle ma faicte la grace de me temoigner par sa lettre a cachet.....

LXXIV

— 1er décembre 1668 —

Je vis la semaine passé lessay que les poudries de V. A. R. ont faict sur ce rocher; il est vray que cette composition forte faict plus deffect en moindre quantité que la comune dont on sestoit servi, et qua poix esgal ell'escarte le rocher mieux que la premiere, neammoins elle ne renverse pas ainsy que je voudrois. Ce manquement vient de la pierre qui ne se trouve solide, car les mines se font au bord et ses poudres nont asses de force pour les pousser en bas, s'est ce qui occupe des ouvriers pour les precipiter, et que je cherchois de pouvoir epargner. Ils mont aussy proposé de faire creuser une mine de la maniere quon practique pour renverser des bastions aux places fortes, mais outre que la depense seroit considerable et lincertitude de levenement, je crains quon esbranle quelques rochers detachés, dont la cheutte pourroit accabler des maisons au dessoubs et ballier peut estre dans un moment de besogne facheuse pour des mois entiers. Si bien que je n'ay rien conclu sinon que lon fairoit le trou des mines plus gros, et que lon continueroit sependant a percer a huict esguilles, en attendant trois que jenvoye aujourdhuy que jay faict forger en ma presence dun autre maniere qui me semble plus comode. Cet essay est de peu de depense, car un quart d'escu de façon a contenté l'ouvrier. La grosse muralie est elevé de quatre pieds depuis que jen fis prendre le plan geometral, il y a aussy quantité de remplisage entre les deux montagnes que je nay peu mesurer. Les ouvriers travalient en cinq brigades, deux a gauche, trois a droicte en descendant, on nen scauroit mettre davantage presentement pour eviter la confusion, et le risque que les plus eslevés font courir a ceux qui sont dessoubs. On les entretiendra de cette maniere pendant lhivert, et on taschera de pouvoir augmenter le nombre en bon temps par la disposition quon donnera a ce travail. Les jours nont que huict heures, les ouvriers ne scauroient monter ny descendre quils ne voyent bien clair, et leurs repas distraicts ils ne travallient pas six heures, si bien qua la fin de la sepmaine il y a quantité de journées et peu d'avancement. Je faict diminuer leur salaire depuis la Saint-Martin, et ballie ordre de rabattre les jours de pluye et de mauvais temps......

LXXV

— 2 mars 1669 —

Ayant appris de Monsieur le President De Chales que lintention de V. A. R. estoit de faire continuer le travail du chemin de la Crotte a prix faict, jay tasché de voir au juste la ou la depense de ce qui reste a faire pourroit arriver, pour eviter un second inconvenient que l'avidité ou l'ignorance des entrepreneurs pourroit causer. Si bien que par deliberation de la Chambre j'ay faict mesurer la besogne faicte a lassistence de M. le Patrimonial Pignier, et du comissaire dextentes Bastardin, au veu et consentement des entrepreneurs obligés par le premier contract. De cette mensuration j'ay decouvert le prix de chaque toese de muralie, ou de remplisage, en detail par les sommes quon y a despensé, et a mon rapport le bon marché a surpris mes confreres pour un travail de cette force et de cett'importance. Sur mes représentations la Chambre a faict publier ce prix faict, et les miseurs sont renvoyés a vendredy prochain ou on taschera d'avoir quelques cents ducatons a mellieur marché que deux mille et cinq cents, a quoi arrive le calcul qui a esté faict dans les formes ordinaires de justice. Que si par azard les entrepreneurs se ligoient et vouloient se prevaloir de la necessité ou lon est de finir cet ouvrage commencé, mon sentiment sera de forcer en justice les premiers prix facteurs a le faire a ce prix. S'est toutte la grace quils peuvent esperer de la resolution de leur premier contrat, j'ay pris touttes les precautions pour cette extremité.

Les architectes Lionnois ont veu ce travail jeudy dernier, jattends leurs sentiments pour adjouster sil est besoing au devis que j'ay dressé, j'ay neamoins appris qu'ils furent effrayés de voir ce grand huide quils virent a remplir. Les ouvriers les ont salué de quelques mines, et les ont faict passer sur les débris de soixante et dix livres de poudre quon y a bruslé la semaine passé.....

LXXVI

— 16 mars 1669 —

J'oy passé le contract du prix faict pour le parachevement du chemin de la Crotte, ou jay faict inserer touttes les closes que jay estimé necessaires et pour la diligence et la solidité de cet ouvrage. Les architectes Lyonnois nont point escript que jaye appris; je ne manqueray dy avoir lœuil ainsy que V. A. R. me le comande.....

LXXVII

— 5 juillet 1669 —

Tandis que je me suis occupé a faire debarasser le chemin de la Courbière qui doibt servir de passage aux charrettes depuis la Crotte jusques icy, je me suis persuadé quil nestoit pas necessaire d'importuner V. A. R. par des projects, et jay estimé quil valloit mieux l'informer de l'avancement du travail que de la difficulté de cette entreprise.

M. le Comte de Castellamont vist le commencement de cet ouvrage, laprobation quil luy donna ma obligé a le faire continuer jusques a present par des bons ouvriers qui le finiront cette sepmaine avec letonnement de ceux qui le voyent. Jay eu assés de bonheur pour rencontrer des bons entrepreneurs qui se sont employés avec toutte lardeur et toute lœconomie possible, puisque dans un mois ils ont faict un travail que tout le monde jugeoit pour des années entieres, et cinq cents ducatons ont payé ce que on croyoit en debvoir couster deux mille. Je ne m'etends pas sur les moyens que jay pris puisque sest une affaire faicte, et que la charrette peut presentement passer dans un lieu ou les chevaux avoient peine de passer autrefois. Il est vray que ce n'est pas la derniere main, parce que la sixiesme partie de ce travail est sur la terre grasse qui se rendra boueuse, mais quand les pluyes et l'injure du temps auront marqué les endroicts, on les reparera autant bien que se pourra. Il est arrivé pendant ce travail un accident fascheux de feu qui a esté attaché a cette montagne par celuy quon entretenoit pour les mines. Mr de Clermont, seigneur de cette terre, men a porté ces plaintes, et sur la priere que je lui en ay faicte, il a retardé ces poursuites en justice contre les prix facteurs jusques a tant que la besogne soit receue.

Le travail de la Crotte continue avec succes, les perrieres se rendent bonnes et les mines font plus deffect des une huictaine de jours en çà sur un rocher solide qui s'est decouvert. Les moissons ont debauché quantité d'ouvriers, je ne les trouvay lundy dernier que vingt cinq en nombre, et encor touts effrayés de la mort d'un de leurs camarades qui se précipita vendredy passé; il a laissé une femme et une fillie a la mamelle. Jen vis encor un autre plus miserable qui s'est cassé les jambes qu'on luy voit pourrir dans un lict aux Echelles, chez un chirurgien qui le traicte il y a plus de six sepmaines. Il na rien en ce monde que son mal et l'aumosne quon lui faict, la vefve et ce miserable mont prié de les offrir aux charités de V. A. R., ce que je prends la liberté de faire.

Je me dispose a faire travailler aux autres endroicts qui restent a reparer des aussytot que les paysans aura reculi ces blés, et je tascheray a si bien prendre mes mesures que tout se pourra finir avec la Crotte.

Il reste pourtant entre autres une rude besogne a faire au bois de St Jean de Cou dune bonne demy lieue d'etendue qui joint le travail de la Crotte. Je fis voir à Mr le Comte de Castellamont deux chemins fort pierreux et fort mauvais; j'ay decouvert ces jours passés un troisiesme qui se pourra former dans un endroict qui sera se me semble plus droict, plus court, et de moindre depense.....

LXXVIII
— 14 septembre 1669 —

L'etablissement du chemin a charrettes du bois de Cou c'est une affaire faicte; ce passage plus d'une demy lieue detendue se trouve raccourci d'un tiers, et les enfoncements du vieux chemin changés par un endroict elevé et decouvert, deux charrettes si peuvent rencontrer sans embarras, et je vois avec plaisir la satisfaction des passants qui tesmoignent de la joie de ce travail. On finit des arcades a la Courbiere, et le grand ouvrage de la Crotte savance autant quil se peut. Les charrettes qui montent des materiaux de bas en haut, et de haut en bas, eslevent le milieu de ce chemin qui faict la difficulté de ce passage.

Il ne si perd point de temps, et les prix facteurs reconnoissants des deux charges de poudre que V. A. R. a eu la bonté de leur faire ballier, m'asseurent qu'ils si employeront de touttes leurs forces, et quils fairont retentir les montagnes de cette liberalité.

Jay distribué aussy l'aumosne a la vefve et a lestropié conformement aux volontés de V. A. R.; ils destinent leurs prieres pour leur reconnoissance.....

LXXIX

— 28 décembre 1669 —

Le froid extreme qui faict en ce pays dez une huictaine de jours en çà est cause que les ouvriers du chemin de la Crotte ont cessé, ce qui ma retenu daller sur les lieux pour ne faire un voyage inutile. J'ay neamoins apris du Controlleur que les paysans de ce lieu y passent leurs charrettes chargés de bois. La muralie a presque toutte son hauteur, les remplisages sont bien avancés, et si quelqu'un vouloit entreprendre la voiture des marchandises par charrettes on les faira tousjours passer sans grande incomodité jusques a ce que le bon temps permette de finir cet ouvrage qui paroist sur une grande machine qui faict ladmiration des passants, et la curiosité de nos voisins qui ont desesperé de la reussite de cette entreprise.....

LXXX

— 31 janvier 1670 —

Ensuitte des commandements de V. A. R. la Chambre a choisi lendroict pour le pont sur la riviere d'Hiere, qui est marqué par les derniers nombres sur le plan que jay envoyé il y a quelque temps, comme le plus seur et le plus commode, et ensuitte l'expedition en a été faicte aux mellieurs maistres de cette ville, le contract en est passé, et la semaine prochaine on commencera a preparer les materiaux. Il me semble, Monseigneur, si c'est le bon vouloir de V. A. R., qu'on le pourroit appeler le Pont

Sˡ Charles, affin que cette denomination puisse servir a a posterité de memoire des liberalités et des bontés que V. A. R. a pour ses subjects. Il est bien vray que la reconnoissance gravera asseurement ce souvenir bien avant dans tous les cœurs de ceux qui verront ses magnifiques travaux, mais aussy a mon sentiment il nest pas inutile que les choses inanimées expriment par des surnoms leternité qu'on doibt avoir de ce souvenir. Des aussytost que les glaces auront finy, on ne manquera point de reprendre avec vigueur les autres travaux, et de reparer quelques endroicts boueux que la saison a commencé de marquer, pour y faire les reparations necessaires.....

LXXXI

— 31 mai 1670 —

On a finy ces jours passés le parapet sur la grande muralie de la Crotte, et on a aussy commencé celuy qui doibt estre sur la muraile seche a forme des desseins, je crois que dans une quinzaine de jours il sera finy, puisque les pierres sont touttes taillées. Elles s'enchassent touttes par des quarts de rond, et cette nouvelle façon, dont jay ballié le traict, outre lepargne des ferrures quil auroit fallu dans la longueur denviron quatre vingt toeses, rend ce travail aussy solide que sil estoit d'une pièce. Il ny en a encor point en ce pays de cette maniere; le chemin y est fort comode, et la monté ne sera pas si rude que celle du Chasteau en cette ville.

Il y a encore quelque remplisage a faire par derriere la grande muralie, je crois qu'on auroit basti une ville de ces debris, il est vray que cette muralie a plus de cinquante pieds d'hauteur, et je m'étonne comm'elle na pas encore senti le fardeau quelle porte, car, Dieu mercy, jusques a present je nay pas sceu reconnoistre qu'une seule pierre aye lasché du mortier, elle a presque pourtant toutte sa charge, et sest bien volontiers la coustume que les terrasses donnent quelque coup. Je lay desjà veu en plusieurs endroicts, surtout cette anné cy ou les pluyes presque continuelles ont bien appesanti la terre.

On travalie aussy a secher les bourbiers de la Courbiere, la rigueur de lhivert a tellement detrempé les terres grasses qu'on y enfoncoit jusques aux sengles, jy faict porter des pierres en quantité, et je pretends de rendre ce chemin fort solide dans une huictaine de jours pour le plus tard.

J'espere que la sepmaine prochaine on commencera a fonder le pont St Charles, les pierres de la pile et des culés sont touttes talliés. On travaille a detourner le torrent, et sans les pluyes continuelles il seroit bien avancé; mais jay creu quil nestoit pas necessaire de rien azarder, et quil falloit attendre le beau temps a fin que ce travail puisse estre monté en diligence et sans risques. Jy mettray touts mes soins afin que cet ouvrage puisse estre aussy auguste dans son espece que le nom dont il est honoré.....

LXXXII
— 13 juin 1670 —

Je ne puis rien dire de positif a V. A. R. pour le temps que le pont St Charles sera fini jusques a tant que la pile soit hors de l'eau. Les entrepreneurs y travalient incessamment, et si le beau temps continue on commencera a fonder la sepmaine prochaine.

Le chemin est tres mauvais a lendroict de ce pont a cause d'un eboulement qui sest faict au pied de la coline, qui est en demy rond, dont la monté et la descente est fort rude et etroicte a cause que le torrent gratte au pied ; il n'a pas six pieds de large, et touts les jours il etressit. Lors que les eaux enflent s'est effroyable de voir cette riviere grossie, elle charrie des grosses pierres comme des tables entieres, et s'est la desolation de la pleine quelle rencontre.

Neamoins les charriots de ce pais y practiquent et passent sur un meschant pont de bois, que si les charrettes de France qui ont plus de voye que nos charriocts venoient a y passer elles seroient plus en danger ; neamoins on pourroit y mettre des gardefou de bois, en ce cas ; mais de le faire hors de la necessité sest une depense perdue. Jauray bien soin que le pont sexpedie, s'est une grande machine, et quoyque le prix ne soit considerable a proportion des piles que lon bastit sur les autres rivières, il ne laissera pas destre magnifique, je men remets a la veue lorsquil sera monté.

Les bourbiers de la Courbière seront finis de secher la sepmaine prochaine, on y a faict des grandes chossés de pierre, et j'espere qu'il n'y enfoncera plus. Le travail du reste de la route nest pas considerable, les chemins sont un peu etroicts et rabotteux, mais comme ils sont au large, en cas necessité on pourra passer dans les terres voisines jusques a tant que le travail soit fini.

Quant a la Crotte, dans lestat quelle est il ny a point de charretier qui refuse cette monté, si bien, Monseigneur, que je puis dire a V. A. R., en reponse de la lettre dont elle ma honoré, qu'on peut apporter des precautions pour entretenir le passage jusques a tant que le pont soit fini.

On a desja veu passer six caleches qui ont pris cette route, les bourbiers ont plus effrayé que les autres meschants endroicts et mont plus surpris que le reste du travail. Car l'anné passé lorsquon y travaillia appres que jeus detourné le chemin avec la bossole, les outils faisoient le feu dessus cette terre grasse, qui sest maintenue ferme lhiver, et dabord a la prime il y a enfoncé si effroyablement que la rue denfer sur la route de Paris na jamais esté si boueuse. La comodité des pierres en a esté le remede, et on y en mettra tant quil soit ferme, sest de quoy j'asseure V. A. R.

Enfin, Monseigneur, sest le project de plus d'un siecle que V. A. R. a faict executer dans deux ans, contre le sentiment de bien du monde.

Feu M' Dalbigny l'avoit entrepris estant gouverneur pour le roy en ce pays; feu M' Don Fœlix, aussi gouverneur pour V. A. R., en avoit faict prendre des desseins; feu M' le Maistre Favre y avait faict travallier par commandement de Madame Royale de glorieuse memoire; M' le Maistre Bizet en a dressé des verbaux; il a fallu quils ayent touts attendu que V. A. R. l'aye commandé. S'est de la seul dont a dependu tout le succés de cette entreprise.....

LXXXIII

— Juillet 1670 —

On a fini de secher les bourbiers de la Courbiere; on y a faict plusieurs chossés, quantité daqueducqs et quelques fossés pour contenir et recevoir les eaux, si bien quil ny a plus de risque a y passer.....

LXXXIV
— 9 août 1670 —

Le chemin de la Crotte est entierement fini, jy accompagnay lundy dernier Mr le President Dechales qui donna son approbation a cet ouvrage. Sur la relation quil fist en Chambre a son retour, on me chargea de faire designer une cartouche qui doibt estre gravé sur le rocher pour eterniser la memoire de V. A. R. Je lay adressé a Mr le general Granery, suivant ces ordres. Louvrier qui la dessiné se sent fort, a ce quil dict, de la bien graver : on disposera les choses pour lexecution quand V. A. R. laura commandé.....

LXXXV
— 24 août 1670 —

Je ne manqueray point dez que V. A. R. maura faict l'honneur de me mander linscription pour la Crotte de la faire graver avec diligence, et d'honorer ce rocher du nom du mellieur monarque du monde que les passants beniront a jamais.

Il y a trois rangs de tallie posés sur la derniere culé du pont St Charles.....

LXXXVI
— 25 octobre 1670 —

Je ne manqueray point de faire travallier a l'inscription de la Crotte dez aussitot que nous serons reassemblés, et quon pourra faire les publications ordinaires pour lexpedition de cet ouvrage.

Je supplie en toutte humilité V. A. R. destre persuadé que si pour cimenter ce travail il ny falloit que le sang de mes veines ou la moelle de mes os, il ny seroit point epargné.

Une bonne partie des materiaux sont prests pour la seconde arcade du pont St Charles.....

LXXXVII

— 30 mai 1671 —

S'est avec un deplaisir sensible que jay appris, a mon retour de la commission que la Chambre m'avoit donné pour reconoistre l'estat des chemins dicy au pont de Beauvoisin, les fausses impressions qu'on avoit donné a V. A. R. de ces travaux; si l'autheur de cet advis m'avoit accompagné je l'aurois convaincu sans peine de son imposture, et de quelle condition puisse est-il estre il seroit demeuré d'accord du contraire par la veue et par un bon nombre de negotiants qui l'ont pratiqué.

Ce n'est pourtant pas que je pretende faire croire a V. A. R. que cet ouvrage soit dans sa derniere perfection. La foiblesse de mon genie, la dureté de cette entreprise, la mollesse du terrain et la quantité de diverses besognes peurent ballier matiere aux delicats et peut estre aux malitieux de se plaindre; mais j'asseure V. A. R. que le plus difficile et le plus penible est finy, et que le reste est bien acheminé par les ordres que la Chambre y a donné. La montagne est en tres bon estat, le travail du pont a esté approuvé la sepmaine passé par linformation que la Chambre en a faict prendre.....

LXXXVIII

— 13 juin 1671 —

Je feray executer les commandements de V. A. R. concernant les chemins dicy au pont de bonvoisin. Dez que Mr le duc de Laon a passé on a point discontinué les travaux qui estoient commencés ; le plus gros qui reste a faire sont deux ponts, l'un a St Beron, et l'autre en Chalie. Les entrepreneurs y travallient sans perdre de temps, touts les chemins sont marqués de quatorze pieds de largeur ; il ne reste plus de ce travail pour une demy lieue de cinq quil y avoit. Je ay faict conduire dez le bon temps plus de deux mille charrés de pierre sur ces terres grasses, et on ne discontinuera point que tout ne soit dans sa perfection.....

LXXXIX

— 5 décembre 1671 —

Je nay pas ozé informer V. A. R. de lestat des travaux qui ont estés soub ma direction jusques a tant que la rigueur de la saison et l'injure du temps en eussent faict lessay, et que jeusse presque faict executer touts les ordres, dont ces Messieurs les Envoyés de V. A. R. m'avoient chargé, puisque s'est eux asseurement qui ont donné la derniere main a cet ouvrage.

Il ne reste plus qu'a travallier a la sortie du pont St Charles qui n'est encor que par emprunt, et a faire faire les armoiries et le pillier ; on prepare les matériaux, aussitost a la prime il sera executé. Jay faict ces jours cette route que jay trouvé en bon estat et practiqué par touttes sortes de voitures. Jay donné touts les ordres necessaires pour lentretien et solidité de ces travaux et je ne crois pas qu'ils puissent manquer, quoiqu'il arrive. Il est seur que quoique cette route soit plus longue que celle de Leguebelette, il y a une bonne heure de temps de difference ; le comis general Lamarre estant parti dicy a midy il y a quelque temps par la montagne arriva a six heures et demy au Pont, et le fermier de Tarentaise Rosset estant monté a cheval a sept heures du matin du pont de Bonvoisin ne mit par la Crotte que cinq heures et arriva icy a midy. Je leur ay faict le compte a touts deux, quelques muletiers l'ont aussi eprouvé et ont touts quitté la montagne.....

XC

— 9 janvier 1672 —

J'apporteray touts mes soins a me bien acquitter de la comission que la Chambre ma donné concernant les reparations qui restent a faire depuis le pont St Charles jusques icy. Si la saison n'eust esté contraire a ce travail, celui qui a ballié ladvis a V. A. R. auroit epargné son papier, et si peut estre il lavoit bien consideré il auroit expliqué que le passage est libre pour touttes sortes de voitures sans peril et sans danger, et que personne ne souffre que les aboutissants qui ont leurs possessions abandonnées a la discression des passants.....

XCI

— 17 juillet 1674 —

A Chambéry ce 17 juill. 1674.

Monseigneur,

S'est avec la plus grande mortification du monde que jay appris par Monsieur le President Dechales les sentiments qu'on a imprimés a V. A. R. a mon prejudice, concernant l'inscription de la Crotte, au bas de laquelle jay faict mettre mon nom, comme subject et dependant de V. A. R. qui m'avoit honoré de cette comission par plusieurs de ces lettres. Je pourrois bien pour ma justification repliquer que je ne lay pas faict de mon authorité propre et jaurois peu croire d'en avoir eu l'aprobation de V. A. R. puisque dans les projects que j'avois envoyé, je lay tousjours faict escrire de mesme qu'il est presentement sur la pierre. J'en ay encor une partie et deux lettres dont V. A. R. ma honoré, lune de Revel du 15 aoust 1670, et l'autre de la Venerie du 17 8bre suivant, par ou elle me commande de faire executer le dessein quelle me fist renvoyer par monsieur le comte de Marcenasq et d'observer les annotations faictes au pied de l'inscription imprimée. On ne me commanda pas de rayer ce malheureux nom, et pleust a Dieu qu'il neusse jamais esté au monde puisqu'il a depleu a V. A. R. Je pourrois encor adjouster que plusieurs autres qui ont eu de pareilles directions a la mienne l'ont pratiqué; et l'on m'asseure qu'il y en a encor presentement d'escripts au long du chemin de la Colle de Tende. Mais ce n'est plus une justification qu'il faut que je cherche : puisque d'avoir depleu s'est un crime. Ouy bien un tres

humble pardon que j'en demande en tout'humilité a
V. A. R. ; je soubmets volontiers et ma personne et mon
honneur a tout ce qui luy plaira d'en ordonner pourveu
que ma peine fasse ce cher pardon. Et je consents aussy
que ce crime innocemment comis soit lavé par la plus
severe punition du monde. Si je l'avois creu, Monseigneur, je n'aurois pas eu l'effronterie de l'escrire encor
dans la relation de ce travail que je remis au S{{r}} Bourgogne avant son depart, pour la presenter a V. A. R., le
quel ne me promist pas l'office qu'il ma faict.

Mais enfin c'est mon malheur que je sois sans ressource
si V. A. R. na la misericorde de croire que je suis du
meillieur de mon ame

Monseigneur
De V. A. R.

Tres humbles, tres obeissant serviteur, tres soumis
subject,

BALLAND.

XCII
— Août 1674 —

Il est vray, et je le crois fortement, il n'y a qu'un Dieu,
qu'une foy et qu'un Roy. V. A. R. est le mien, par ma
bonne fortune, et par mon inclinaison, et dans cette
verité je vivois miserable de la pensee qui me desoloit de
l'avoir fasché, ce qui ma faict chercher touts les moyens
pour pouvoir rencontrer et sa misericorde et sa clemence.
Que si bien je me suis attaché a mon accusateur, ce na
pas esté pour l'offencer, ouy bien pour me deffendre, et
lui faire comprendre que je n'avois pas servi a la legere.
Je travallieray a ce que exactement cet ouvrage aye a ce

faire bien, parce que V. A. R. le commande par la derniere lettre dont elle ma honoré, et pour luy donner une marque certaine de ma parfaicte obeissance. Je luy présente une demonstration de proportions que doibvent avoir les deux ordres qui composent cet auguste dessein. Jay compris par la peinture du Sr Bourgonio, dont la copie est jointe, que la belle pensée de V. A. R. estoit que la rustique dembas fusse monté par un ordre toscan, et l'architecture d'en haut par un ordre jonique.....

XCIII
— 4 août 1674 —

Jay bien eu de la consolation d'apprendre par la lettre dont V. A. R. ma honoré que mes ennemis n'ont pas eut tout l'avantage qu'ils esperoient, et que s'ils ont cherché a faire destruire mon nom, ils n'ont rien peu faire contre ma conduitte qui n'a jamais eu d'autre fin ny d'autre veüe que de rencontrer la satisfaction de V. A. R. et faire finir un ouvrage asses difficile dans peu de temps avec toutte lœconomie, la solidité et la fidelité dont jay esté capable.

Les tesmoignages favorables que V. A. R. ma faict la grace dexprimer par la mesme lettre diminueroient bien mon chagrin si dans le lieu ou chascun s'observe on en pouvoit avoir la connoissance. Mais on ma depouillié de cette comission avec tant d'esclat apres six ans de continuelle application que le peuple ne pourra que croire que s'est par quelqu'infidelité que jay comis daus cette direction que V. A. R. m'en a privé, ce qui est un coup assomant pour un homme d'honneur. Pourquoy je supplie V. A. R. en toutte humilité de faire reflexion et que je nay jamais eu d'autre pensé que de luy plaire.....

XCIV

— 18 août 1674 —

Mʳ le Patrimonial Divoley me fist voir lundy dernier le dessein du Sʳ Borgogne pour l'inscription de la Crotte, a fin de faire un calcul de la depense. Je lay commencé et tiens un party en main de deux maistres sculpteurs, qu'ils ont signé pour mille ducatons, qui est onze cent ducatons de moins de deux mille et cent, ou maistre Quenot a faict arriver sa supputation. Je verray encor si on pourra le baisser plus bas.....

XCV

— 27 octobre 1674 —

Les entrepreneurs du dernier dessein pour l'inscription de la Crotte ont tiré l'epur en ma presence, on travallie aux panneaux pour l'architecture, et un des sculpteurs forme un lyon de terre pour modelle que j'envoyeray a V. A. R. dez quil sera fini.....

XCVI

— 10 novembre 1674 —

Comme le sculpteur mavoit remis le modelle du lyon lorsque jay receu la lettre de V. A. R. jay creu le debvoir envoyer pour faire plaisir a cet ouvrier qui estant né subject de V. A. R. ma prié de lui faire cet office. Il croit davoir reussi et promet faire encor mieux lors quil travalliera en grand.....

XCVII
— 6 avril 1675 —

Jay apris de M⁰ le President Dechales que V. A. R. luy a demandé le plan de la Crotte et le dessein de la derniere inscription. Comme je les ay faicts faire pour les garder par inclination chez moi, je les joints icy pour les presenter de bon cœur a V. A. R.

Je souhaitte avec passion qu'ils puissent estre a sa satisfaction. Je suis seur quils paroistroient mieux si le S⁰ Bourgonio vouloit prendre la peine de les copier, parce que je nay jamais veu mieux designer qu'a luy. Je le dis comme je le crois, quoiqu'il m'aye faict un grand mal de cœur dans sa vie.....

XCVIII
— 26 avril 1675 —

Monseigneur,

Puisque je suis chargé du soin de faire executer le dernier dessein pour l'inscription de la Crotte, je le fairay faire en conformité du commandement que V. A. R. me faict l'honneur de me faire par sa lettre du 19 du courant. J'espere que dans quinze jours, ou trois sepmaines, toutte l'architecture sera posé dans l'endroict, et tout ainsy que ce lieu resserré le pourra permettre, je souhaitte que l'ouvrage ne sexplique mieux que je nay sceu faire, je ne replique rien, j'obeis, je le doibs, et je le veux puisque je suis

        Monseigneur
        De V. A. R.

Tres humble, tres obeissant, tres fidelle Serviteur et subject   BALLAND.

Chambéry 26 avril 1675.

XCIX

— 1674 —

Extrait de lettre de Joseph Arnaud, fermier général de la douane de Suse, à Messieurs du Consulat de Lyon.

Joseph Arnaud, fermier general du Dace de Suze, pour S. A. R. de Savoye, vous remonstre tres humblement qu'encor que par les Arrests du Conseil d'Estat du Roy des 11 janvier 1663 et 9 may 1669 donnés par vostre adveu et consentement et par celuy du fermier general des Douanes de France, il soit expressément porté que tous marchands et negotiants qui font venir par terre des marchandises d'Italie en France, et qui de France en font porter en Italie, doivent passer au Pont de Beauvoisin. Et que par Edits et Règlements des Serenissines Ducs de Savoye et Arrests de la Chambre des Comptes dudit pays, il soit dist et ordonné que les dits negotiants feront passer lesdites marchandises par la route de Suze (1) a

---

(1) Le document suivant nous renseigne sur la diminution qu'avaient éprouvé les revenus de la douane de Suze, à la suite des changements de direction qu'avaient pris les marchandises qui allaient de France en Italie :

Comptes des recettes du Dace de Suze faites par le fermier general Joseph Arnaud et Cie pendant les années 1673, 1674 et les deux premiers trimestres de 1675.

Pendant l'année 1673 il a été perçu suivant le compte détaillé remis à M. le Patrimonial general Fecia..................................	L.	74,169	12 4
A reporter.....	L.	74,169	12 4

l'exclusion de toute autre route, entrant neantmoins et sortant par ledit Pont de Beauvoisin, agissant en cela de concert avec les Ordres, Edits et Reglements anciens

Report..... L.	74,169	12	4
Pendant l'année 1674 il a été perçu suivant le compte détaillé remis au susdit Patrimonial................................... L.	85,515	4	1
Pendant les deux premiers trimestres de l'année 1675, il a été perçu suivant le compte remis au susdit.......................... L.	50,000	»	»
L.	209,684	16	5
Payé à S. A. R. pendant l'année 1673............... L. 77,625 » »			
Pour dépense des postiers, tributs de France, épingles à Mme Royale et menues avaries................. L. 19,104 9 4			
Payé à S. A. R. pendant l'année 1674............... L. 47,867 10 »			
Pour dépense des postiers, tributs de France et menues avaries................... L. 15,079 » »			
Payé à S. A. R. pendant les deux premiers trimestres de l'année 1675........ L. 25,000 » »			
Pour dépense des postiers, tributs de France et menues avaries...................... L. 6,000 » »			
L. 190,675 19 4	190,675	19	4
Résidu L................	19,108	17	1

Dans sa lettre du 20 mars 1665, le Président de la Pérouse dit que le Dace de Suze avait rendu jusqu'à 98,000 écus d'or. On voit donc combien avait diminué cette source,— une des principales,— des revenus des Ducs de Savoie. On voit bien dans les comptes du fermier général une légère augmentation, mais il fallut encore quelques années pour rétablir les choses en bon état.

des Roys de France, qui prescrivirent la mesme route de Suze pendant qu'ils possedoient le pays de Savoye et de Piemont, ainsy qu'il se voit par l'Edit du Roy François premier du 18 juillet 1540 et autres subsequens.

Laquelle route de Suze et du Pont de Beauvoisin est notoirement la plus courte, la plus commode, et la plus aysée, et ouverte en toutes saisons, par les soins qu'a pris S. A. R. de Savoye de faire reparer et tenir en bon estat les chemins tant du Mont-Cenis que de Maurienne et de Crottes, ou il a fait des depenses immenses pour applanir les chemins autant qu'il a esté possible, couper des rochers, construire des ponts de pierre sur les torrents, et autres ouvrages dignes d'un grand prince qui ayme et protege le commerce.

Toutefois il se trouve journellement des voituriers qui par un pur caprice ou malice prennent des routes obliques tant en allant qu'en venant d'Italie; et contrevenant aux Edits, Arrests et Reglements de l'un et de l'autre prince, fraudent egalement les Douanes de S. M., les droits de la ville de Lyon et le Dace de Suze. Et donnent commodité a la ville de Geneve de s'attirer le trafic et les manufactures au prejudice notable de la ville de Lyon et ruine de son commerce.

Pour a quoy obvier et pour arrester le cours d'un si grand abbus, le suppliant a esté contraint de faire proceder a quelques saisies dans les Estats de S. A. R. des marchandises qui avoient pris lesdites routes obliques et defendues. Et sera encore obligé de continuer ce remede si tel abbus continue, sauf qu'il vous plaise donner les ordres que vous jugerez a propos pour contraindre les voituriers a l'observation des Edits et Reglements de l'un et l'autre Prince.....

Extraits des minutes des contrats passés par la Chambre des Comptes de Savoie pour le chemin des Echelles [1].

C

— 23 août 1649 —

Comme ainsy soit que S. A. R. aye commandé de faire reparer le chemin et passage de la Crotte dessus les Eschelles et que pour en donner les prisfaictz le Seg^r procureur patrimonial de S. A. R. aye faict appeler et convoquer divers maistres massons et mineurs entendus a la reparation dudit chemin et murallies qui se treuvent ruines par les eaux et cheuttes de pierres dudit chemin, suivant les ordres quil en a heu de Nos Seigneurs de la Souveraine Chambre des Comptes de Savoye et capitulations des prisfaictz necessaires dresses sur le verbal du sieur conseiller et maistre auditeur Favre du vingt-trois juillet dernier.

Sur quoy soyent comparus plusieurs pretendants au greffe de la dite Chambre et hourdhuy a trois heures appres midy, lesquels avoyent faict leurs mises au rabbais et seroyent demeures derniers surdisantz au profict de Son Altesse Royale honorable Pierre Manoret, maistre masson de la presente ville de Chambery, pour la somme de deux mille huict cents cinquante florins (2) concernant

---

(1) Registre des contrats et prisfaits de la Chambre des comptes de Savoye, n°s 10, 11, 13, 14, 16.

(2) Environ 1,850 fr.

la fabrique d'une murallie de vingt six toises qui se doibt faire au Grand Goulet (1) avec les rabilliages de la vieille murallie a forme des susdictes capitulations que seront cy apprcs escriptes, et honorable Jean Delamina, Alexandre Vaselle et aultres leurs consorts, maistres mineurs du lieu de Montmellian, pour la reparation des chemins et nettoyementz de canal et autre besogne mentionné aux susdites capitulations pour la somme de quatre mille cent cinquante florins (2), pour lesquelles sommes le dit conseiller et maistre auditeur Favre et le dit seigneur procureur patrimonial ont expedié les prisfaictz. Pour ce est-il que ce dict jour vingt-troisiesme aoust mil six centz quarante neuf se sont personnellement establies et constitues les dits honorable Pierre Manoret maistre masson et honorable Claude Vivian aussy maistre masson et bourgeois de la presente ville, lesquels ont promis et promettent de faire la construction de vingt six toises de murallie de gros quartiers aupres du Grand Goulet pour supporter le canal et au lieu que luys sera indiqué, de la largeur de six pieds, les parapets qui seront a trois pieds au dessus du canal de gros quartiers de roch avec leurs pivotz enficts dans leurs joinctures de la longueur de six pouces et ung de grosseur deubement plombes, reprendre les vieux les rejoindre cy crue de besoing et rendre le tout en deub estat pour et moyennant la susdite somme de deux mille huict centz cinquante florins, soubs l'obligation de leurs personnes et biens quils se constituent tenir.

---

(1) Le « Grand Goulet » était la vaste caverne qui débouche au-dessus du village de St-Christophe-la-Grotte.
(2) Environ 2,700 fr.

Et Messieurs Jean Dellamina, Alexandre Vasselle, François Bise et Jean Claude Barbier, maistres mineurs soldats habitants au chasteau et preside de Montmelian, chacun d'eux seul promettent de faire les reparations des chemins de la dite Crotte a forme des susdites capitulations, scavoir de reparer et construire le chemin des le pied du sable jusques a la maison du menusier au village de la Crotte, rendre l'intervalle dudit chemin a huict pied de largeur deubement pavé et uny, abattre les aylies du grand roch aux endroictz qui ne se treuvent de largeur susdit. Plus nettoyer le canal des Chaboret jusques au Grand Goulet et entre du Grand Escallier, rompre les pierres y estants, faire une murallie crue de deux a trois pieds d'aulteur et espesseur entre ledit canal et le chemin lequel sera reaulsé de deux pieds au dessus des bords du dit canal, et abattre la poincte du grand roch pour eslargir le dit canal de trois pieds et luy donner sa descente. Plus ramplir les concavités faictes en dernier lieu dans ledit chemin et notamment des le dit Grand Escallier jusques a la sortie de la dite Crotte, paver tout le chemin qui se treuve dès le dit intervalle en sorte qu'en cas d'jnondation le chemin ne puisse estre nouvellement endommagé.

Plus dès la dite sortie de la Crotte jusques a la rupture faicte au dessus de la maison du menusier, village de la dite Crotte, et du costé de la montagne, faire un grand canal de six a sept pieds de largeur avec une murallie crue des pierres qui se treuvent sur la place, de trois pieds d'aulteur et largeur, pour donner vuidange au canal, construire le chemin du costé de bise (1) de largeur et

---

(1) Du côté du Nord.

condition que dessus. Plus rendre les susdits chemins en bon et deub estat en sorte que les montures a bast chargés y puyssent passés librement et mesme en cas de rencontre faire des pas sur les quartiers de pierres qui seront de plus grande largeur que d'ung pied pour faciliter le dit passage, en sorte que les dites bestes a bast ne puyssent glisser, et de paver le canal a lendroict de la muralie que lon construira et ou il sera treuvé necessaire quilz rendront aussy en bon et deub estat avec le canal des la sortie de l'eau du roch de Chaborret (1) travers le grand chemin pour sescouler au grand canal, comme aussy rechausser le chemin qui se treuvera a lendroict de la murallie qui soustienne le canal de deux pieds pour la conservation dicelle. Plus de faire quatre toises de murallie crue de dix pieds de largeur a la rupture novellement faicte au dessus de la maison du menusier sur partie de laquelle se fera le chemin du costé de la montagne avec son canal pour la vuidange du petit ruysseau qui sort de la dite rupture, le tout pour la dite somme de quattre mille cent cinquante florins, aussy soubs lobligation de leurs personnes et biens qu'ils se constituent tenir, chacun d'eux seul pour le tout comme dessus.

Et rendront les dits prisfacteurs leurs besognes susdites deubement faictes et parfaictes a dicte de maistres dicy a la St Martin proche vienant a peyne de tous despenses, dommages et interest. Et ledit seigneur procureur patrimonial promet de les faire payer respectivement des dites sommes sus convenues, la troisiesme partie par advance,

---

(1) Le roch de Chaborret se trouve au-dessus d'une grotte dont l'entrée a été récemment agrandie, de laquelle en temps de pluie sort un ruisseau parfois très abondant.

autre troisiesme partie le jour que la moitié des besognes seront faictes, et le tiers restant les susdites besognes entierement faictes et reçeues. Et ce ont faict les dites parties soubs toutes autres promissions par foy et serment presté, obligations, renontiations et autres clauses requises. Faict et passé a Chambery dans la maison ou habite le dit seigneur conseiller et maistre auditeur Favre, en presence de maistre Benoit Perrin, procureur au Senat, maistre Anthoine Graner, secretaire dudit seigneur patrimonial, et maistre André Humbert du lieu de la Crotte, tesmoins requis.....

CI

— 20 novembre 1649 —

L'an mil six centz quarante neuf et le vingtiesme jour de Novembre se sont personnellement establis et constitues Jean Della Mina et Thomas Frestaz soldats au preside de Montmellian, maistres mineurs, lesquels ont promis et promettent au seigneur procureur patrimonial de S. A. R. cy present et acceptant en l'assistance du seigneur conseiller maistre auditeur Favre commissaire a ce deputé de faire et de construire une murallie de gros quartiers de roch de vingt toises de longueur et trois pieds de largeur quattre pieds dhaulteur hors terre aux endroictz qui se treuveront sur le roch du passage de la Crotte et de huict pieds aux endroictz quil commencera fonder, scavoir quattre dans la terre et quattre au dessus ; Laquelle murallie se construira en pierre crue de cadette et roch comme dessus des le coing de la grande murallie nouvellement faicte au dit lieu de la Crotte au dessus du Grand Gollet jusques a la pointe du roch qui se treuve du cousté du levant traversant le grand chemin en *(mot illisible)* a cinq toises de longueur comme dessus. Item de garnir les flancz de la dite murallie ainsy construite comme dessus de gros quartiers de pierre en telle quantité que sur iceux et la dite murallie de quatre pieds d'aulteur hors terre comme dessus. Ils construiront ung chemin en dos dasne lequel sera de la longueur des dites cinq toises et de quatre toises de largeur que ce deux toises de chasque costé dudit dos dasne sur les quelles pierres et murallie ils feront mettre ung pied de terre et gravier pour construire sur icelle ung pavé en areste de pierre de roch bien uny lequel se fondra dans le roch ou il se treuvera et a deux pieds et demy dans terre ou il ny aura du roch, ouvriront le canal a lendroict quil conviendra pour donner vuidange a leau qui viendra contre le dit dos dasne, et avant que couvrir la dite murallie et la flanquer de quartiers de pierres que dessus, les ditz prisfacteurs seront obligés dadvertir le dit seigneur Patrimonial pour la faire visiter. Et le tout ont promis de faire pour la somme de trois centz septante ung florins monnoye de Savoye payable la moitié par advance et lautre moitié la besogne estant receue.....

CII

— 22 août 1654 —

L'an mil six centz cinquante quatre et le vingtdeuxiesme jour du mois daoust sest personnellement establyet constitué maistre André Humbert de la Crotte mandement des Eschelles, lequel de son gré a promis et promet au seigneur Procureur Patrimonial de S. A. R. cy present et acceptant en lassistance du seigneur conseiller maistre auditeur Favre, de faire les reparations du chemin de la montée de la Crotte cy apprés mentionués. Scavoir de nettoyer le canal qui est soubs le pavé au dessus, du tout rendre le dit canal libre pour passer l'eau convenable, le couvrir et reparer au dessus en deubt forme. Item de reprendre la grande murallie du grand canal tout au long en dedans et aux endroicts requis, paver le dit canal de gros quartiers de pierres et rendre le dit canal en deub estat, fournir la chaux, sable et autres materiaux requiests et necessaires auquel et au long de la dite grande murallie, et sur le nouveau pavé quil construira le dit prisfacteur y posera douze platteaux bois chesne de dix pieds de longueur, trois onces despesseur et quinze onces de largeur, pour les poser dés lentrée de la Grande Crotte a quarante pieds au dehors quest trois platteaux en face pour chasque rang et iceux appés au roch avec une pièce de bois chesne au dessus a chaque rang des dits platteaux lesquels seront posés et appés avec leurs travers mesme bois que dessus, le tout deubement happé. Item levera une grosse pierre du roch qui se treuve au coing du canal et menace dentrer dans iceluy, laquelle pierre ledit prisfacteur levra et la mettra en face de la murallie crue qui ferme le dit canal comme aussy reprendra toutte la dite murallie aux endroictz qu'elle se treuve rompue, la remettre en deubt estat et nettoyer tout le dit canal au long dicelluy, lever les pierres y estant et le tout rendre faict et parfaict dans ung mois, et ce pour le pris et somme de cent vingt florins monnoye de Savoye payable huictante florins par advance par le Seigneur Tresorier general et les quarante florins restant la besogne estant faicte et receue par tel que la Chambre commettra.....

CIII

— 2 septembre 1667 —

Prisfaict pour Claude Paquet et aultres associés du chemin de la Crotte.

Lan mil six centz soixante sept et le second septembre se sont personnellement establis et constitues honnestes Claude Paquet le jeusne, Jean Pollet, Anthoine Mauricere, Anthoine Vulliet, Jean Claude Brunet, Georges Mermoz, tant a leur nom que de Vincent Maloz et Noel Chambarnaz pour lesquels ils promettent faire ratifier le present dans huict jours, a peine de tous despens dommaiges et interests, tous maistres massons habitans de la presente ville, lesquels de leur gré chacun d'eux seul principal et pour le tout sans division ny discution au benefice desquelles ils ont renoncié et renoncient..... et ont promis et promettent au Seigneur conseiller destat et procureur patrimonial de S. A. R. cy present et acceptant, en l'assistance du Seigneur Conseiller et maistre auditeur Deschamps commissaire a ce deputé, de faire les reparations et escarpements suivans pour mettre le chemin de la Crotte en estat que les charrettes y puissent passer librement chargés, et a cest effect de baisser le dit chemin a lendroict le dos dasne et un gros roc en bas de douze pieds et sur ce fondement aller descendant a niveau sur un pouce et demi par pied de pente (1) jusques au bas du chemin du pre soit teppe qui va par dernier la grange de lhoste de la Crotte au grand chemin des Es-

---

(1) 12 1/2 pour cent.

chelles si avant et si long quilz puissent former leur monté sur le dit niveau de pente et du dit dos dasne aller sur la mesme pente rancontrer le chemin qui vient a Chambery, auquel lieu ils feront une murallie a chaux et sable espesse de trois pieds et haulte a la susdite proportion reduite a un pied et demy en cime en sorte quil y aye un pied et demy sur terre couvert de gros quartiers, et formeront ung canal pour conduire les eaux dans celuy qui est desjà faict au mesme lieu, eslargiront le chemin de dedans la Crotte en sorte qu'aux moindres endroicts il soit large de neuf pieds (1) et comme proche de lembaucheure il faut remplir de pierres le grand creux et haulser pour rancontrer le susdit niveau de pente, ils observeront de se servir des rochers et pierres qui pancheront et menaceront ruine ou paroistront vouloir tomber dans toute lestendue du passage de la dicte Crotte pour eviter tout danger avenir, et pour ce feront une murallie en face de gros quartiers de quattre a cinq pied en parure de huict pieds depesseur deubement fondé et faicte a chaux et sable de trois pieds en dehors a grand talu de deux pouces pour pied (2) pour soubstenir le dit chemin qui se doibt ramplir proche de lembocheure, laquelle murallie passera de trois pied au dessus du dict chemin pour servir de parapet, lequel sera d'un pied et demi depesseur ; et le dit creux jusques au lieu ou commencera la monté, dernier la dite maison de lhoste, le chemin sera

---

(1) Un peu plus de trois mètres.

(2) Un de base pour six de hauteur. C'est le fruit que Vauban prescrivait de donner aux murs de revêtement des fortifications ; en réalité, la pente donnée aux murs du chemin des Echelles est moindre que celle là.

explane large de seize pied (1) et pour soubstenir le dict chemin qui est de terre ils feront une murallie creue a gros quartiers a niveau du dict chemin depesseur de trois pied la grande murallie commencera dernier la maison du curé montant en haut contre lembocheure en sorte quil se fasse ung chemin large de seize pied et pour ce faut ramplir tout le creux et dresser la murallie pour puis aller rancontrer le rocher du Cladal (2) et layssant pourtant une distance entre le dit chemin et le rocher pour recepvoir les eaux qui viendront de la montagne, et pour cest effect ilz laysseront des ouvertures pour le passage des dites eaux dans la dite murallie, rehausseront, baisseront ou rempliront partout ou il faudra en adjustant les pierres en sorte quelles demeurent tousjours joinctes ensemble et fermes et quont puisse mettre de la terre dessus en suffizance pour pouvoir deubement paver celuy-ci quilz feront a callioux ou pierre a blocage affin que les chevaux a charrette sy puissent attacher, et pour ce faut que le pavé soit seulement de la grosseur de six pouces et pour le moins autant de profond en terre, et ou il y aura le rocher vif ils le rayeront et ligneront de la profondeur denviron un ou deux pouces a mesme proportion du pavé, et faisant le dict pavé ils seront tenus faire en toute la longueur du dict chemin de deux en deux toises des bendes de pierre de tallie dun pied et demi en profondeur dans terre pour tenir ledict pavé bien lié affin que les eaux ne le puissent endommager, que les parapetz a faire

---

(1) 5,50 environ.

(2) Le rocher du Cladal est celui qui s'élève à la gauche de l'entrée du défilé, et où a été pl é le monument de Charles-Emmanuel II.

sur la murallie du grand creux aux endroictz necessaires seront faicts de pierre grossoyes de dix huict pouces de gros, de mesme feront dans la dite Crotte tout au long du cousté du vieux canal un autre canal bas pour recepvoir les eaux et les conduire en bas affin que le chemin se conserve, le dit canal sera de la largeur de dix huict pouces autant de profondeur, maintiendront le dit vieux canal en cas que creusant il sy fist quelque desordre par la terre ou par le rocher quilz mineront, et en cas que lon ne treuve pas a propos de paver en quelques endroictz du chemin que lon fera nouveau tant sur le grand creux que sur celui qui descend dernier la grauge de lhoste sera faict rabais a ditte de maistre, et generalement les dictz prisfacteurs promettent de faire ce qui sera necessaire pour mettre le dit chemin de la Crotte en estat et facile pour le passage des charrettes chargés de tout ce que dessus. Ils promettent de bien et deubement faire et parfaire a dite de maistres et expedier dans huict mois prochains et commenceront a travalliant des a present, a peine de tous despens, dommages et interest, soub l'obligation de leurs personnes et biens quilz se constituent tenir solidaires comme dessus, pour le prix et somme de dix neuf centz ducatons effectifs qui leur seront payés scavoir trois centz ducatons par avance, et le reste a proportion quilz iront travalliant.....

CIV

— 11 mars 1669 —

Prix-faict pour François Bergoen pour le chemin de la Crotte.

Seront les entrepreneurs pour la continuation du travail a lestablissement du noveau chemin de la Crotte tenus de continuer par un triangle une murallie commencé a lendroict du rocher appellé Pilon jusques a un autre rocher appellé le Cladal et le lever de trente sept pied d'hauteur a mesurer par le rocher en haut depuis une croix marqué avec la pointe d'un marteau au dit Cladal en dehors de la dite murallie a main droicte en montant ; ce triangle sur ceste elevation sera tiré sur un pouce et trois quart de pante ou d'un pied deux pouces delevation sur chaque toise de huict pieds de long (1) en conformité du niveau qui leur sera tracé pour ce regard.

Seront tenus de faire la dite muralie de bon quartier bien lyans bien remurées et sur bon lictz piqués en face et sur les jointz a grosse pointe. Ballieront a la dite fasse un pouce de retraicte par pied ainsi et comme elle a esté commencé, les quartiers seront coupés a lequerre et au crochet, les moindres d'un pied et demy a deux pieds de gros du meur, et de huict en huict pied de long, dy mettre des bonnes chevillies de quatre a cinq pied de long pour la bien lier.

La murallie sera continué de lepesseur quelle est commencé de huict pied en mortier a lendroict du rocher Cladal et de trois pied au commencement soubs Pilon, ledit mortier sera bon a ditte de maistre et le reste du blocage bien rengé et bien assis. Laysseront des ouvertures aux endroictz qui leurs seront indiqués et continueront le canal commencé soubs le Cladal en degré de rocher sur leslevation pour avoir la sortie a trois pied de profond soubs le remplissage qui sera faict un peu plus

---

(1) Cette pente équivaut à 14,60 pour cent. En réalité, la pente de cette partie de la route est de près de 17 pour cent.

bas que le tour pour recepvoir les eaux vives qui coulent audit endroict. Seront parelliement tenus de faire le remplissage par derniere la dicte muralie jusques au rocher quil monteront ensemblement des debris qui seront detachés de la montagne sans quilz puissent y jetter de la terre, au cas quil sen trouvasse au Barmet au dessus, sauf pour garnir et unir le chemin de la hauteur de deux pied sur la superficie.

Rempliront aussy de mesme debris jusques a lendroict entre les deux Barmets appelé le tour ou le remplissage sera eslevé de dix et neuf pied dhaut a niveau dune croix piqué audit lieu a main gauche en montant, et continueront a remplir jusques a une autre croix elevé sur le plan de deux pied quatre pouces, la ou il ne fauldra plus hausser et dela vinront le chemin jusques a lendroict ou les muletz sont dechargés, et au cas quil se treuvat du rocher qui ne puisse estre couvert de moins de deux pieds de marrain, seront tenus de le rayer et le coupper en echiquier de quatre pouces de profond et de six pouces en carré.

Seront tenus de debarrasser le chemin des debris qui sont tombés contre le dos dasne et iceluy mettre dans le remplissage dont a esté parlé cy dessus, comme aussy de miner et escarper un rocher plus bas a lendroict du Gouffre a main gauche en descendant pour la eslargir le chemin et oster lavancement que font les Barmets, et enfin unir et explaner le chemin jusques a la croix contre le grand chemin des Eschelles au dela la maison de Groppet dont la superficie seré de marrain ou de terre ainsy quils trouveront plus commode, sans qu'il leur soit permis dy laisser de gros quartiers au dessus qui puissent incommoder le passage des charrettes, et tiendront le dit chemin dans la largeur a niveau autant que faire se pourra. Feront aussy les parapets sur la murallie quils monteront et sur celle de pierre seche eslevé soubs le grand gitz de la Ravoire, la dite murallie sera dun pied et demy depesseur a bon mortier bien garny de bonne duitte, de la hauteur de quatre pied au dessus du remplissage couvert de bon quartier piqué a grosse pointe joint ensemblement en quart de rond pour espargner les ferrures. Maintiendront aussy le chemin libre pendant ledit travail et le debarasseront des debris qui tomberont ainsy qua esté pratiqué cy devant pour la liberté du passage, a peine de demeurer responsable du retardement des voituriers.

Le tout quoy sera faict a ditte de maistre, a peine de tous despens dommages et interest, et au cas que par quelque expedient il y eusse plus ou moins dhauteur que na esté dict cy dessus sera faict rabais ou augmentation a rate du prix convenu.

Lan mil six cent soixante neuf et le unziesme mars cest establis en personne honneste François fils de feu honneste François Bergoen maistre masson de labergement en Verromay (1), habitant en la presente ville, lequel de son gré pour luy et les siens en suite de lexpedition a luy faicte le huictiesme du courant des reparations a faire au chemin de la Crotte, suivant les articles cy dessus escripts publiés lors de la dite expedition, a promit et promet au Seigneur procureur patrimonial de S. A. R. cy present et acceptant en lassistance du seigneur conseiller et maistre auditeur Balan commissaire a ce deputé

---

(1) Le Valromay faisait encore, peu d'années auparavant, partie des Etats du duc de Savoie.

de faire et reparer le dit chemin de la Crotte a forme des susdits articles qui ont esté de nouveau lect, et observer entierement le contenu diceux de point en point, et pour ce fournir tous les materiaux et autres choses a ce necessaires, le tout quoy il promet de rendre faict et parfaict a ditte de maistre d'entre cy et la Saint Michel prochain a peine..... et cest pour et moyennant la somme de seize mille et neuf cents florins qui lui seront payés a mesure quil ira travalliant a forme des attestations quil rapportera de ceux qui seront deputés pour la Chambre, a la charge que pour lacceleration du dit travail il sera obligés et tenus a mesme peine et obligation que dessus d'avoir continuellement et sans discontinuation jusques a soixante ouvriers par jour et davantage si il est besoing, et pour mellieur observance des promesses cy dessus se sont establis en personne Claude, fils de feu Antoine Perronnet, maistre masson de Corbel, Anthoine fils de Jacques Favre, dottenaz en Verromay, Blaise, fils de feu Aubry, doucianne en Bourgogne, tous maistres massons habitants de la presente ville lesquels..... comme estants ses associés se sont rendus plaiges, cautions et principaux observateurs desditz promesses, et promis conjoinctement avec le dit François Bergoen dobserver le contenu aux susdits articles et satisfaire audit prixfaict.....

CV

— 20 décembre 1669 —

Prix faict baillié a M. Claude Paquet et ses associés François Bergoin, Antoine Mauricer, Antoine Favre et Jean Pollet pour faire le parapet sur les murallies du chemin de la Crotte, lequel il nestoit obligé par le precedent contrat du unze mars dernier, le faire dicy aux feste de Pasque prochaines a peine.... sous lobligation.... pour et moyennant le prix et somme de dix solds le pied d'augmentation......

CVI

— 28 avril 1670 —

Prix faict pour Claude Paquet le jeune et consorts, maistres massons, pour reparation au chemin de la Crotte.

Lan mil six cent septante et le vingthuict avril se sont personnellement establis et constituez honneste Claude, fils de feu Jean Pasquet le jeune de Sottenoz en Verromey, François, fils de feu François Bergoen de Labergement au dit Verromey, tant a leurs noms que de Antoine Marmier, Jean Pollet, Antoine Favre, tous maistres massons habitants en la presente ville, lesquels..... promettent..... destablir le chemin depuis le lieu appellé le dos dasne ou finit le prixfaict cy devant expedié pour la continuation de lestablissement du grand chemin a charrette des le lieu de la Crotte a Chambery. Et a ces fins establiront leur murallie joignant a celle qui est presentement bastie pour detourner les eaux et les conduire dans le Gouffre (1) en dehors du chemin. La dicte murallie sera de la longueur denviron douze arches (?) au bord du canal de lespesseur de quatre pieds, de bonne cadette piqués a grosse pointe en face et sur les joints de

---

(1) Le Gouffre, le Grand Goullet, la grande Caverne désignent la Grotte qui débouche au-dessus de St-Christophe.

bon mortier de la hauteur proportionné pour empecher
que les eaux ne rentrent dans le chemin depuis le dict
canal, laisseront pareillement des trous pour escouler les
eaux dudict chemin dans ledict canal et finalement le
feront bien et duement a dicte de Maistres, establiront a
lendroict dudict dos dasne un canal faict en y grec a lendroict qui leur a esté indiqué par ledict sieur commissaire.
Ledict canal soit aqueduc sera de deux pieds de carrure
de vuide, soustenu aux deux costéz dune bonne massonnerie de pierre seche et couvert de bonnes pieces de
roc bien appuyées sur la dicte massonnerie. Sera ledict
canal aussy profond aussy bas que le vieux canal dans
lequel il degorgera auquel ils ballieront une pente autant
rapide que faire se pourra, et rempliront au dessus pour
unir le chemin, nettoyeront le vieux canal tout au long
pour ballier passage aux eaux, et a sa naissance vers la
grande Caverne baisseront a cet endroict les pierres soit
terrau ainsy que leur a esté indiqué, paveront aussy a
lendroict du Gouffre de bonne pierre platte lendroict ou
on avoit mis des ais et mettront au dessoubs de terre
grasse ou de bletton ainsy que leur sera plus commode.
Escarperont les rochers de le dict dos dasne jusques a la
caverne susdite ou les dernieres reparations ont finy.
Ledict escarpement sera du moints de douze pieds de
large sans y comprendre la murallie du canal, rompront
et briseront les grosses pierres qui se treuvent dans la
largeur du chemin, hausseront ou baisseront aux endroicts qui seront necessaires pour la commodité du
passage des charrettes ainsy que le lieu le requerra et
rendront le chemin autant uny que faire se pourra en lui
balliant neantmoins un peu de pente contre le canal pour
recevoir les eaux en cas quil en coule a travers du chemin,

et pour cet effect feront de temps en temps des ouvertures dans la murallie dudict canal a lendroict desquels trous seront mises quelques pierres de pointe pour retenir les eaux quelles ne coulent dans le chemin. Et cas advenant quil se rencontrat quelques rochers qui fit une monté ou descente trop rude pour ne pouvoir souffrir du remplissage, seront tenus de les rayer ou coupper en echyquier profondement, et finalement garniront ledict chemin tout au long par dessus de gravier affin de le rendre plus doux et commode sans quil y parroisse autre pierre que celles qui seront a lendroict desdicts trous desquels a esté parlé cy dessus; et rendront ledict chemin bon et praticable pour ledit passage des charrettes et du commerce dans deux mois prochains..... moyennant la somme de trois cents ducatons effectifs de sept florins pièce qui leur seront payés le tiers presentement et par avance, lautre tiers la besogne estant avancée et le tiers restant la besogne estant faicte et receüe, lesquelles sommes seront deboursées entre les mains dudict François Bergoen, moyennant la quittance duquel lesdicts prixfacteurs doivent estres satisfaicts et en tant que de besoing lestablissent pour leur procureur ed advouent les quittances quil en passera.....

CVII

— 6 avril 1672 —

Prixfaict donné a M. François Devauge, de Grenoble, de faire les armoiries et inscriptions au lieu de la Crotte a forme des capitulations publiées cy bas tenorisées, et du modele en cire presentement exhibé. Laquelle besogne il a promis faire dans six mois prochains a peine... pour et moyennant le prix et somme de deux cent quarante ducatons effectifs de sept florins piè monnoye de Savoye.

Capitulations.

L'Entrepreneur de larmoirie et inscription qui se doit mettre a la Crotte sera tenu icelle poser au lieu appelé le Cladal ou allieur ainsy que sera jugé plus a propos et a ce fin seront tenus icelle planter dans le rocher et escarper lendroict a fin que toutes les pieces se puissent bien solidement gramponner et happer a hauteur de terre et a proportion quil sera jugé a propos. La table sera dunze pieds de long et cinq pieds de largeur dune piece, d'une pierre bonne et bien saine avec ses ornements autour, ses pilastres et corniches et plates bandes, dans laquelle table seront gravéz les lettres a forme de linscription presentement exibé, scavoir neuf lignes, la hauteur de chaque lettre sera repartie sur lhauteur de la table detraction faite des entrelignes, sur quoi sera establi lescu des armoiries de Savoye avec le collier couronnes et supports entouréz dun pavillon a forme du modele presentement exibé. Les lions seront a rond de bosses a forme du dit modele de quatre pieds et demi dhauteur et dans leur proportion, lescu avec le collier seront de trois pieds et demi dhauteur suivant la figure porté par ledit modelle, et la couronne a proportion talliée et percée a jour ; le dit pavillon aura unze pieds dhauteur sous la croix treflée et environ douze pieds au plus large de ses chutes et draperies a forme du modelle avec tous les ornements plus propres et convenables a son sujet, le tout quoi ils sobligeront de bien et dheument faire et finir a ditte douvriers experts.

Du vingt cinq mars mil six centz septante deux est comparu au greffe de la Souveraine Chambre des Comptes de Savoye honorable François Rimelin, lequel a faict mise a trois cents et cinquante ducatons. Signé : François Rimelin.

Du vingt trois mars mil six centz septante deux a la premiere chandelle personne n'a misé ny a la seconde et troisiesme.

Signés : Balland, Divoley, François Rimelin, Antoine Ganit, François Devauge, Richard Chauvon.

CVIII
— 1er mai 1672 —

Caution pretée au Seigneur procureur patrimonial par M. François Devoge pour le prisfaict a lui donné des armoiries eu la personne de M. François Cuenot, architecte de S. A. R.

CIX
— 12 septembre 1674 —

Prixfaict pour honorable François Devauge et François Rumellin.

Lan mil six cents septante quatre et le douze de septembre se sont personnellement establis et constitués honorable François Devauge maistre sculteur habitant en la presente ville, tant a son nom que dhonorable François Rumellin aussi maistre sculteur absent lequel il promet faire ratifier dans la huictaine a peine de tous despens dhommages interests, et cest ensuite des conventions entre eux passées par devant le Seigneur Conseiller et Maistre auditeur Balland le douze du mois d'aoust passé et par eux signé et honneste Claude Paquet maistre masson, habitant aussy en la presente ville, en suitte du contrat entre eux passé ce jourdhuy, ont promis et promettent..... de faire et bastir linscription qui se doibt mettre au lieu de la Crotte au lieu et place qui leur sera indiqué, et en conformité du dessein presentement exibé et signé, de la hauteur et largeur de leschelle porté par iceluy. Et a cet fin monteront la rustique dembas par un ordre toscan suivant toutes les regles et proportions dudit ordre icy tenus pour exprimé et specifié tant pour les pieds detachés, pilastres, chapitaux, et autres choses en profille et au retour dudict ouvrage. Les cadettes de la rustique seront faictes et couppés degalité et dhauteur de pierre blanche et tres solide, et prendront garde dy mesler de pierre rouge et qui ne soit bien saine et bien nette, les joints seront aussy bien talliés dans leurs bandes et la sortie de la rustique sera faicte environ de trois pouces et davantage si besoing est, les autres marques aux angles bien proprement et le reste battu a la petite marteline, les ordres d'architecture de la mesme pierre seront bien poussés et bien net avec touts les ornements qu'exigent ledict ordre, les pilastre, corniche et architecture d'enhaut seront faictes d'un ordre jonicque aussy dans toutes ses regles et proportions ainsy qua esté dict du precedent, la table dans iceluy aussy de la mesme pierre sera de la hauteur et longueur necessaire et bien proportionné, bien tallié et bien polie, et seront tenus en icelle graver linscription le plus nettement et le plus proprement que faire se pourra, en plus gros caracthere qui pourra estre divisé sur la longueur et largeur de la table, les mots deubement separés et les entrelignes laissées, et au cas que la dicte table ne puisse estre faicte d'une piece seront tenus de lassembler en moins de piece que faire se pourra, et entre laceront les joints qui feront liaison suffisantz pour la solidité dicelle laquelle seront tenus asper a fert perdu et cimenter de bon ciment chaud en maniere que la pierre ne seclatte en escrivant, et faira le cadre au tour conformement a lordonnance porté par le dict dessein, et les lyons seront aussy de la mesme pierre et de lhauteur porté par leschelle dudict dessein, bien talliés dans leurs proportions et imitant nature, d'une ou de deux pieces le moins mis soubs le pavillion et paroistront ainsy et comme les chuttes dudict pavillion exigeront pour ressembler estre a rond de bosse. La cartouche prendra le mesme tour porté par le dessein et sera faicte de moins de piece que faire se pourra, et lescu d'une piece de tallie avec tout les cartels et ornée du collier de lordre a forme du blazon, la couronne Ducalle sera mise au dessus et tallié a bonnet le plus proprement que faire se pourra avec tous les ornements qui luy seront necessaires, limperiale au dessus sera ornée conformément audict dessein en relief, et prendront garde que les cheuttes se fassent a propos et les neus bien mis et bien soubstenus ; le plan geometral sera estably sur trois pied depesseur et les pilastres sortiront dehors de demi pied, et seront toutes les pieces mises en lyaison requise et necessaire conformement aux regles la plus exacte de lart, et garniront par derriere jusques au rocher, fourniront le fert et le plon a ce necessaire, et finallement seront tenus faire et parfaire la ditte besogne a ditte de Maistre, et la bien finir dans huict mois prochains venants..... Et cest pour et moyennant le prix et somme de mille ducatons effectifs valeur de sept florins monnoye de Savoye, payables le tiers presentement et par avance et le reste ainsy et comme la besogne sera avançant suivant les attestations de celuy qui sera commis et deputé par la Chambre.....

CX

— 26 juillet 1672 —

Attestation du M^e auditeur Balland, concernant l'inscription et les armoiries à placer au chemin de la Crotte. [1]

Nous commissaire soubsigné scavoir fesons a tous qu'il appartiendra qu'estant au lieu de la Crotte aurions observé qu'honorable François Devauge, prixfacteur de l'inscription qui se doibt poser au dit lieu, auroit faict conduire des pierres tant pour les deux lions, couronnes, escu, et draperie, platte bande et corniche du subhassement, une partie de quoy nous avons veû tallié et notamment un lyon presque finy, et le reste tout ebauché comm'encores la table au lieu de St Jean de Couz toutte esbauché, denviron neuf pieds de long et quatre pieds et demy d'hauteur, preste a conduire, le tout quoy peut bien valoir environ le tier du prix porté par ledict contract, de quoy nous avons ballié acte au dit prix facteur pour luy servir comme il verra a faire par raison.

A Chambery 26 juillet 1672.

Signé BALLAND.

---

(1) Registres du Controlle General des Finances de Savoie, n°s 95, 99.

CXI

— 14 juin 1676 —

Attestation de M' Humbert, commis à l'armoirie de la Crotte.

Je soubsigné atteste a mes Seigneurs de la Souveraine Chambre des Comptes avoir veü la besogne ballié a prixfaict au sieur Devauge et au sieur Rumellin concernant les armes de S. A. R., laquelle besogne est dans l'estat cy aprés escript scavoir que les deux corps d'architecture sont posés, et la medaille, les deux lyons presque faicts, et tout le reste de louvrage en mesme estat. En foy de quoy j'ay signé ce quatorze juin 1676.

Signé Humbert.

CXII

— 22 novembre 1676 —

Attestation de Maître Deschamps, sculpteur.

Je Nicolas Deschamps, architecte de S. A. R., atteste a tous qu'il appartiendra qu'ayant esté ce jourdhuy vingt deux novembre mil six cents septante six nommé et convenu expert par devant le seigneur conseiller d'Estat et President Delescheraine tant de la part du seigneur procureur patrimonial que des prix facteurs des armoiries de S. A. R. posés a la Crotte pour visiter et recepvoir le travail faict aux dites armoiries par les dits prixfacteurs, aprés avoir deüement examiné le dessein des dittes armoiries, a moy remis par le dit sieur Patrimonial, et leû le contract sur ce passé en presence du Seigneur President Dechalles, declaire que tout le dit travail est bien et deüement faict a forme du dessein. Sauf que le pavillion n'a pas autant de plis et replis qu'il faudroit pour estre conforme au dessein, ny les neufs d'icelluy autant proportionnés que ceux portés par le dit dessein, comm'encores que le fronton n'est pas bien posé dans sa place, prenant sa naissance sur le dernier retour. Neantmoins ces petittes defectuosités n'empechant pas que tout le travail ne soit bien faict, paroissant seullement a la veüe des plus speculatifs sculpteurs, le premier rang dessoubs estant trop petit a l'egard de celuy dessus, neantmoins estant conforme au dessein, les lyons, la table ou est l'inscription, et tout le reste bien et deüement faict a forme du modelle.

En foy de quoy j'ay signé le present a la Crotte
22 novembre 1676

Signé : Delescheraine, Balland, Deschamps.
Contresigné : Cullat scribe.

Extraits de passages de divers écrivains qui ont parlé des Echelles et de la route de Charles-Emmanuel II.

CXIII
— 1571 —

DELEXIUS.— *Chorographia Insignum Locorum,* &c (¹).

Scalarum, vicus a scalis quando ilhac transmeatur per loci angustias : quæ graduum instar se habent, ubi mausoleum celebre operis magnificentia quinque Beatricis Sabaudiæ filiarum ex Raimondo Narbonæ comite conceptarum (quæ totidem regibus matrimonio conjunctæ fuerunt) visitur in cœnobio Hierosolimitanæ militiæ, Inibi utique, Bona Thomæ comitis soror cælebs Berengarii Provinciæ comitis extruxit xenodochium : prout supremæ ejus tabulæ (quæ Scalis adservantur sub data anni 1263 nono calendas marcy) perhibent testimonium (1).

---

(1) Ce passage de Delex fourmille d'erreurs : l'hospice, comme nous l'avons vu, fut fondé par Béatrix (et non Bonne) femme de Bérenger, comte de Provence (et non de Raymond, comte de Narbonne). Ses filles n'y furent pas enterrées ; elle n'en eut que quatre et non pas cinq. Son tombeau, tel qu'il figure dans Guichenon, *Histoire généalogique de la Maison de Savoye*, page 264, portait les armoiries de ses principaux parents, ses filles, ses gendres et ses frères, au-dessous desquelles figuraient leurs statues en habit de deuil. Ses quatre filles et trois de ses petites-filles furent reines ou impératrices. En voici le détail : Marguerite de Provence, sa fille aînée, épousa saint Louis, roi de

CXIV

— 1682 —

Théâtre des Etats de Son Altesse Royale le duc de Savoye. La Haye, chez Adrian Moetjens, marchand libraire. 1700. (Tome II, page 39). Le grand chemin de la Crotte dans la Savoye.

Le chemin de la Gaule Lyonnoise en Savoye & en Italie étant en quelques endroits si difficile, que les voyageurs ne pouvoient y passer qu'avec peine, les Romains semblent avoir eu dessein autrefois de s'en ouvrir un à travers les rochers, près de la ville des Eschelles, ayant separé avec le fer de gros rochers qui formoient des precipices affreux, le long de la rivière du Guier. Mais quoi qu'il semblât que rien ne pouvoit résister a la puissance des Romains, ils n'avoient fait néammoins qu'ébaucher ce dessein, bien loin de l'avoir parachevé. Ils n'avoient ni remédié par des levées de terre aux détours des Valées, ni assez ouvert le sommet des rochers, pour donner un libre passage, non seulement aux hommes & aux bêtes chargées, mais même aux chariots; ni, ce qui est le prin-

---

France, en 1234. Léonor de Provence se maria avec Henry III, roi d'Angleterre, en 1236. Sancie de Provence fut accordée en mariage, au mois d'août 1241, à Raymond, comte de Toulouse; mais ce mariage n'eut pas lieu et elle épousa, deux ans après, Richard d'Angleterre qui fut empereur. La quatrième, nommée comme sa mère Béatrix, eut pour mari Charles, roi de Sicile, frère du roi saint Louis. Quant aux petites-filles de Béatrix, Isabelle de France fut reine de Navarre, Marguerite d'Angleterre, reine d'Ecosse, et Béatrix de France ou de Sicile, fut impératrice de Constantinople.

cipal, procuré par une chaussée continuée un libre passage aux voyageurs à travers des montagnes qui se suivent.

Cette gloire était dûe à Charles-Emanuel II, duc de Savoye, à qui rien ne paroissoit impossible, & qui entreprenoit & executoit heureusement & avec d'autant plus d'ardeur, tout ce que les autres regardoient comme au dessus de leurs forces. Dès qu'il eut reconnu que cette entreprise étoit fort utile a ses sujets & aux étrangers, il commença cèt ouvrage, & l'acheva heureusement avant sa mort arrivée en 1675, à la fleur de son âge ; ce qui lui aquit l'admiration de tout le monde, & à quoi tous les siècles avenir applaudiront.

Ayant donc coupé le rocher des Eschelles, beaucoup plus avant que les Romains, qui n'en avoient coupé qu'une étendue de cent pas, il ouvrit à travers un large chemin, qu'il forma par le moyen de nouvelles chaussées, de voutes & de ponts, en sorte que quoi que la situation du lieu n'ait pas pu permettre de le faire entièrement uni, mais qu'il faille tantôt monter & tantôt descendre, les chariots qui se rencontrent ne laissent pas d'y passer sùrement & commodément. Ce chemin est bordé d'une muraille à hauteur d'appui, du côté du précipice, afin qu'on y puisse marcher en toute sureté. Et parce que la montagne d'Ayguebelette par où il faloit passer, étoit fort incommode, ayant deux lieues de montée & de descente très difficiles ; & que lors qu'on était parvenu au bas, les chemins étoient très mauvais à cause des eaux croupissantes, & parce qu'on avoit négligé d'en réparer le pavé, ce Prince voulut qu'en laissant Ayguebelette à la gauche en venant de France en Savoye, on fît un nouveau chemin à la droite, depuis le Pont de Beauvoisin, dont la moitié appartient à la France & l'autre au duc de Savoye, à travers le mont de la Crotte, jusques à Chambéry. Ce chemin est à la vérité un peu plus long, mais aussi est-il beaucoup plus facile.

Plusieurs obstacles s'opposoient à ce dessein. En de certains endroits le terrain étoit si bas et si marécageux, qu'il étoit impossible que les chevaux y missent le pié; en d'autres endroits la montagne étoit si escarpée, qu'il sembloit que les gens de pié n'y puissent passer; les rochers suspendus en quelque sorte, & d'une hauteur prodigieuse, inspiroient même de la terreur à ceux qui les consideroient avec quelque attention ; en un mot tout le monde approuvoit, à la vérité, ce dessein, mais la plupart en jugeoient l'exécution impossible. La magnanimité de ce Prince lui fit surmonter ces obstacles. Il combla avec du sable et des pierres les lieux marécageux, fit faire des fossez de part et d'autre pour en écouler les eaux, & prévint par ce moyen les incommodités des boües. Ayant ensuite employé des sommes immenses, pour aplanir la montagne, il fit un chemin facile de la longueur de trois mille pas, jusques au sommet, par le moyen de murailles, de ponts & de chaussées. Il y avoit en cet endroit un rocher de plus de deux cents pas de haut qui fut brisé jusques à la racine par le fer & par le feu. On y bâtit une muraille, bordée de pierres de taille, & de plus de soixante piés de haut en quelques endroits, afin de rendre le chemin plus uni. On menagea aussi au côté des aqueducs soûterrains, pour recevoir les eaux qui coulent du sommet de la montagne, & par ce moyen on fit un chemin pavé de douze piés de large, ou les voyageurs et les chariots peuvent passer commodément. Ce Prince continua ces ouvrages jusques à la valée de la

Maurienne & au Mont-Cenis, à travers les Alpes, qui sembloient y opposer un obstacle insurmontable, & procura par ce moyen, de son propre mouvement, par la seule force de son esprit, & a ses propres dépens, une communication facile de l'Italie avec la Savoye.

CXV

— 1787 —

Pison du Galland. — *Manuscrit contenant le récit d'un voyage de Grenoble au Mont-Cenis en passant par Voiron, Saint-Genis, le Pont-de-Beauvoisin, les Echelles, Chambéry et la Maurienne* ([1]).

...... Nous résolûmes de ne point coucher aux Echelles, quoique le jour fut fort avancé. On y est en usage de s'y munir d'un 3ᵉ cheval qui coûte trente sols pour sortir plus facilement de la Grotte ou Crotte dont il va être parlé, et qui forme une partie du chemin moins longue mais plus curieuse encore que celui de Chaille.

En sortant du bourg des Echelles, on parcourt sur une chaussée peu élevée et en fort bon état une petite plaine assez unie, mais cette plaine est comme enceinte de hauts rochers, en sorte qu'on ne juge comment il est possible d'en sortir par le côté d'Orient vers lequel on marche. On arrive ainsi tout à fait au pied de la chaine de rochers,

---

(1) Ce manuscrit est depuis longtemps dans la famille de M. Molin, avocat, à Chambéry ; il est anonyme, mais il y passe pour avoir été écrit par Pison du Galland, membre du Parlement de Grenoble et député à la Constituante.

en laissant à sa droite le Guiers qui vient des montagnes de la Grande Chartreuse, située du même côté.

La Grotte ou Crotte. Au pieds de la chaine de hauts rochers se trouve d'abord une longue rampe, montante de droite à gauche, et soutenue par un puissant mur qui s'élève avec elle sur une inclinaison assez rapide; mais elle n'est nullement dangereuse pour les voitures, étant protégée par un haut et fort parapet. Au bord de cette rampe se présente, en tournant à droite, l'ouverture de ce qui est proprement appelé la Grotte ou la Crotte. Cette ouverture est taillée à pic et à jour dans toute la hauteur du rocher qui est fort grande. Rien n'est plus imposant que cette entrée qui offre nécessairement une certaine obscurité, mais qui, néammoins, étant ouverte par dessus, laisse assez de jour pour y pénétrer avec la plus grande facilité. On y pénètre, en effet, par une continuation fort prolongée de la même ouverture, qui prend diverses inflexions, suivant que la position des rochers, dans leur épaisseur, l'a exigé. On ne parcourt point sans une espèce de saisissement, qui n'est troublé par aucune frayeur, cet antre long et tortueux qui dure au moins un quart d'heure, et qui ne prend une forme plus développée et plus éclairée que lorsque les intervalles des rochers se trouvent plus larges par la nature. On va au reste toujours en montant, quelquefois même sur une pente assez rapide; c'est ce qui oblige à prendre un 3e cheval qui sert pendant une heure, jusqu'à ce qu'on soit entièrement sorti du défilé, mais partout la voye est large et bien entretenue, en sorte que les plus grosses charrettes la parcourent sans accident.

Il ne faut pas omettre, en revenant vers l'entrée de la Crotte, qu'une inscription latine, gravée en très gros caractères sur un grand fronton de marbre, apprend que ce bel ouvrage, entrepris pour la commodité des voyageurs et du commerce, est dû au Duc Charles-Emmanuel II, et qu'il a été achevé en 1666 (1). Cette inscription est peut-être un peu pompeuse en disant, entre autres, *hanc viam naturâ obtrusam, Romanis intentatam, cœteris desperatam,* &c. Mais on ne peut s'empêcher de reconnaître que ce grand ouvrage qui, sans l'invention de la poudre à canon, fut demeuré peut-être toujours impossible, était bien capable d'inspirer, au moment de sa perfection, quelque vanité dans les idées et les expressions. On remarque encore, à côté de l'inscription et tout à fait à l'entrée de la Crotte, un morceau de rocher, entièrement isolé et détaché, et taillé en forme de grosse tour, qui forme un bel effet en cette place. Les rochers, d'une très grande hauteur et coupés à pic par la nature, qui bordent toute la rampe comme des murs que l'art ne peut fabriquer, et qui, çà et là, sont sillonnés par des sources qui les transpercent, ces rochers, dis-je, diversifiés par leurs couleurs, leurs physionomies antiques, leurs accidents mêlés de traits de caducité, et par d'autres variétés, n'arrêtent pas moins la vue surprise du spectateur qui leur donne son attention.

L'auteur du manuscrit ajoute encore dans une note :

Naturâ obtrusam ne dit rien de trop. Avant l'ouverture de la Crotte il n'y avait d'autre passage pour traverser la montagne dans cette partie, qu'un trou caverneux dont on voit encore l'entrée fort élevée dans le roc, à gauche de celle de la Crotte. On ne pouvait arriver à ce trou que

---

(1) Cette date est erronée : la route de Charles-Emmanuel II fut livrée à la circulation en 1670, comme le porte l'inscription.

par le moyen de longues échelles, d'où est venu le nom donné au bourg ou village voisin. Une fois entré dans ce trou, avec les marchandises qu'il était possible d'y voiturer d'une manière si incommode, on marchait et on continuait le transport dans toute la durée de l'obscure caverne qui venait à la suite, et qui allait aboutir à un point très scabreux de l'épaisseur de la roche, auquel point on recommençait à retrouver le jour et des sentiers pénibles pour pénétrer plus avant dans les défilés absolûment indispensables à parcourir pour se tirer de l'épaisse masse de ces montagnes et roches accumulées. On voit encore en montant la Crotte et à la gauche le sentier d'issue qui venait de la Caverne à échelles : on peut même s'y enfoncer jusqu'à un certain point, mais je n'ai pas oui dire que l'on pénètre jusqu'au trou découvert qui servait d'embouchure ou d'entrée du côté de la plaine des Echelles.

CXVI

— 1807 —

De Verneilh. — *Statistique du département du Mont-Blanc* (¹).

Le percé (du nouveau tunnel) sera peu éloigné d'une espèce de petite galerie où les gens à pied passaient

---

(1) De Verneilh fut préfet du département du Mont-Blanc sous le Consulat et l'Empire. La remarquable statistique de ce département qu'il rédigea est un document utile à consulter pour tout ce qui concerne l'état de la Savoie à cette époque.

Le monument élevé à Charles-Emmanuel II et l'inscription

anciennement pour arriver à de grandes échelles appliquées contre son ouverture, par lesquelles on descendait dans la vallée d'une hauteur de plus de 50™. (Page 65.)

En venant des Echelles à Chambéry, on voit, au bas de la belle rampe de Charles-Emmanuel, une caverne surmontée d'un immense échafaudage de rochers. A gauche du même passage, dans le flanc extérieur de la montagne, on aperçoit, à une grande élévation au-dessus de la vallée, l'ouverture d'une autre grande caverne, c'est par là que débouchait l'ancien chemin ou sentier qui traversait la montagne, et à l'issue duquel on avait fixé de longues échelles pour monter ou pour descendre avant que le passage actuel eut été ouvert. (Page 178.)

CXVII
— 1828 —

DAVIDE BERTOLOTTI — *Viaggio in Savoia. Torino. 1828.*

Più oltre si traversa il villaggio delle Scale e si arriva alla Crotta. E un passaggio cavato dentro il sasso a traverso la mole di una montagna a perpendicolo.

---

qui rappelait la construction de la route n'avaient pas échappé au vandalisme de la Révolution, et étaient en partie détruits. De Verneilh demanda et obtint du gouvernement qu'ils fussent restaurés. L'inscription suivante, aujourd'hui disparue, le constatait :

HOC MERITVM
OPTIMI SABAVDIÆ DVCIS MONVMENTVM
AVSPICE BONAPARTE
PRIMO FRANCORVM CONSVLE
RESTAVRATVM
ANNO REIPVBLICÆ GALLICÆ XI-1803
JOSEPHO VERNEILH PROVINCIÆ PRÆFECTO.

Questo passaggio, cosi come il villaggio vicino chiamasi delle Scale (1) perché effettivamente altre volte adoperavansi le scale (alte dice il Millin 50 metri) per valicare il dirupo, o veramente come dice un autore che scrisse verso la metà del secento, da una lunga scala ch'era intagliata nel duro sasso della montagna. (Pag. 171)

CXVIII
— 1837 —

Timoléon Chapperon. — *Guide de l'étranger à Chambéry et dans ses environs. Chambéry. 1837.*

Le plus ancien passage avait lieu par une espèce de caverne dont la formation est l'ouvrage de la crue périodique d'un torrent; l'une des ouvertures semble avoir été élargie ou coupée avec des instruments dans un temps antérieur à la connaissance de la poudre; cette excavation traverse la montagne et, aboutissant du côté du midi sur une élévation de près de 100 pieds au-dessus du sol, on ne pouvait y gravir ou en descendre que par des échelles, dont l'intérieur de la grotte devait aussi être pourvu, à cause d'une inégalité profonde qui s'y trouve. C'est de l'usage de ces échelles que le village qui est au-dessous a pris son nom.

Charles-Emmanuel II, quatorzième duc de Savoie, remarquable par son activité, par son goût pour les arts, et par les améliorations nombreuses qu'il fit dans ses Etats, voulant imprimer un mouvement plus rapide aux

---

(1) Il borgo chiamavasi anticamente *Oppidum Scalarum*.

relations commerciales de la Savoie avec la France, fit faire une nouvelle route à côté de cette caverne. Il ne paraît point que les rochers y aient été coupés dans toute leur élévation, comme l'ont crû quelques auteurs ; toute cette échancrure dénote encore un ancien passage des eaux ; mais on dut faire sauter des proéminences abruptes et combler des excavations profondes pour parvenir à former ce chemin singulier. Du côté des Echelles et à l'issue du défilé, la route est soutenue par une rampe en terrasse qui la conduit insensiblement dans la plaine.

Dans le temps, il fut élevé contre le rocher, en témoignage de reconnaissance, un monument où était placée cette inscription, faite par l'abbé Tesauro, de Turin :

CAROLVS EMANVEL II
SABAVDIÆ DVX PEDEM. PRINC. CYPRI REX
PVBLICA FELICITATE PARTA SINGVLORVM COMMODIS INTENTVS
BREVIOREM SECVRIOREMQVE VIAM REGIAM
A NATVRA OCCLVSAM ROMANIS INTENTATAM CÆTERIS DESPERATAM
DEIECTIS SCOPVLORVM REPAGVLIS ÆQVATA MONTIVM INIQVITATE
QVÆ CERVICIBVS IMMINEBANT PRÆCIPITIA PEDIBVS SVBSTERNENS
ÆTERNIS POPVLORVM COMMERCIIS PATEFECIT
ANNO MDCLXX

Ce monument, surmonté des armes de Savoie et de Piémont, avait été en parti abattu et mutilé pendant la révolution. M. Verneilh, préfet du département du Mont-Blanc, fit rétablir l'inscription et placer au-dessous une lame d'airain qui portait la date de cette restauration, ainsi conçue :

(Voir plus haut la note de la page 224.)

Malgré la beauté de cette route et le précieux avantage qu'elle avait sur la première d'être facilement pratiquée par les grandes voitures, elle présentait encore quelques dangers ; sa pente rapide et le verglas causé dans l'hiver par les filets d'eau qui dégouttent continuellement des rochers qui la dominent, y rendaient les accidents fréquents à cette époque. Elle n'est plus fréquentée que par les paysans des environs, ou par des curieux, depuis l'ouverture du nouveau passage. Rien de plus triste maintenant que la solitude de cet étroit défilé, surtout aux approches de la nuit : le moindre bruit, le retentissement des pas, y deviennent effrayants. On croirait que les creux bizzares des rochers doivent recéler des brigands, mais c'est bien ici le cas de rappeler ce qu'a dit l'auteur d'un itinéraire en Italie, sur la moralité des Savoisiens, en parlant de la route depuis le Pont de Beauvoisin jusqu'à Turin : « Quoique la contrée qu'ils habitent, dit-il, ressemble à un long coupe-gorge, la sureté des routes n'y est jamais troublée par le vol ou l'assassinat. »

CXIX
— 1837 —

Stendhal. — *Mémoires d'un Touriste.*

En sortant des Echelles, bourg de la Savoie, que je suppose enrichi par la contrebande, la route arrive carrément au pied d'un grand banc de roches coupées à pic, qui a donné le nom au village. Ce banc a plusieurs centaines de pieds de hauteur, se prolonge au loin à droite et à gauche, et primitivement on employa des échelles pour le passer.

Je me suis un peu détourné pour aller voir le pont Jaulion sur le Guiers (1); c'est notre Guiers de la Grande-

---

(1) Il s'agit évidemment du pont Saint-Martin.

Chartreuse et de Fourvoirie (1); il s'est creusé un lit de quinze pieds de largeur et d'une centaine de pieds de profondeur dans le banc de rochers. C'est ainsi qu'il le traverse. Sans doute, autrefois, il faisait là une cascade, il a usé son rocher; c'est fort curieux. Nous avons jeté forces pierres dans cette eau dormante, jadis cascade, pour jouir du retentissement.

Du temps de la célébrité des Echelles, on ne voyageait qu'à dos de mulet. Les voyageurs quittaient leurs montures au bas du rocher, grimpaient avec des échelles à deux cents pieds de hauteur jusqu'à une certaine fissure qui existe dans le roc, ils faisaient quelques pas à pied, et trouvaient d'autres mulets qui les portaient jusqu'à Chambéry.

Charles-Emmanuel II, duc de Savoie, élargit la fissure, et, à l'aide d'une muraille fort élevée appliquée contre la montagne, rendit possible une montée très rapide. Par ce moyen les voitures même arrivaient jusqu'au chemin praticable. Une inscription en latin et assez bien écrite est placée au fond de la fissure, dans un lieu fort imposant, d'où l'on aperçoit à peine un peu de ciel, et où l'on est emprisonné de tous les côtés par des rochers coupés à pic. Un silence profond règne en ce lieu, il n'est légèrement interrompu que par le petit bruit des gouttes d'eau qui distillent du haut de ces rochers.

L'inscription nous dit que le duc Charles-Emmanuel a exécuté cet ouvrage que les Romains n'avaient pas oser tenter. Napoléon, trouvant la pente trop rude, a fait

---

(1) C'est une erreur : celui-ci est le Guiers-Vif. Le Guiers de la Grande-Chartreuse et de Fourvoirie est le Guiers-Mort qui se réunit au premier au-dessous des Echelles.

percer de part en part la paroi du rocher que le voyageur laissait à sa gauche, lorsqu'il suivait la route de Charles-Emmanuel.....

Ce passage est resté fort singulier et s'appelle la Grotte, à cause d'une grotte naturelle et fort grande, qui existe dans le rocher non loin du *tunnel*. J'ai trouvé là un homme avec une échelle de huit ou dix pieds et une lanterne ; je suis descendu dans le premier salon de la Grotte qui se compose d'une suite de grandes pièces à peu près semblables pour la forme et la couleur, à des nefs d'église gothique ; l'aspect en est fort imposant, mais je n'ai pu donner que quelques minutes à l'examen de cette curiosité.

CXX
— 1861 —

Antonin Macé. — *Mémoires sur quelques points controversés de la géographie des pays qui ont constitué le Dauphiné et la Savoie avant et après la domination Romaine.* (Lu a la Sorbonne, dans les séances extraordinaires du comité des travaux historiques, en 1861.)

Un peu au Sud de cette rampe et de cette galerie (1) se trouve une route plus étroite, très curieuse et très pittoresque, entre deux parois de rochers, encore très fréquentée par les paysans quoiqu'elle soit abandonnée par les voitures depuis 1814, et qui est supportée, à l'ori-

---

(1) Le tunnel ouvert par Napoléon Ier.

gine du moins, par de gros murs de soutènement. Cette route est l'œuvre de Charles-Emmanuel II et datée de l'année 1670, comme le rappelle une fastueuse inscription latine placée à gauche en venant de Grenoble, sur un portique avec pilastres que Napoléon fit réparer. Avant l'ouverture de cette route de Charles-Emmanuel, on n'avait, pendant le moyen-âge, pour communiquer de l'une des vallées à l'autre, qu'un étroit sentier qui part du village de la Grotte, s'élève par de nombreux contours, et en dominant à une hauteur effrayante le Guiers-Vif jusqu'à un plateau rocailleux et boisé, d'où, par les hameaux des Gerbets et de St Blaise, on vient rejoindre la grande route actuelle à 150 ou 200 mètres au delà de la Galerie Napoléonienne, en avant de St Jean de Couz. Ce passage difficile, dangereux sur plusieurs points, fréquenté cependant par les gens du pays, s'appelle l'*Echaillon*, et c'est très vraisemblablement de là que vient le nom des *Echelles* conservé par les deux villages, l'un dauphinois, l'autre savoisien, auxquels il aboutit, plutôt que d'échelles appliquées contre les parois des rochers, comme le répètent encore les guides du pays. La route établie par Charles-Emmanuel II était destinée à remplacer ce chemin de l'Echaillon, long et dangereux, et voilà ce que nous expliquent les mots de l'inscription : *Breviorem securioremque viam patefecit*. Mais ce sentier ne servit de route qu'au moyen-âge, et tout prouve que, à l'époque romaine, la route suivait le couloir naturel où Charles-Emmanuel établit la sienne, et que c'est aux Echelles qu'il faut rechercher la station de *Labisco* des itinéraires romains.

Il est visible, en effet, et les paysans eux-mêmes en font la remarque, que les rochers ont été coupés et aplanis pour rendre la route plus praticable à deux époques distinctes ; que les premiers travaux, à la partie supérieure, ont été opérés avec des ciseaux dont on voit encore les entailles, à une époque où la poudre n'était pas connue, tandis que, à la partie inférieure, on aperçoit des traces de coup de mine. Enfin, vers le milieu de ce couloir en pente très rapide, il y a à gauche en montant un mur épais et en pierres énormes, destiné à servir de digue aux eaux qui proviennent de la partie supérieure, et à les rejeter dans une grotte naturelle, d'où elles s'écoulent en cascade près du village de la Grotte, qui tire de là son nom, grotte qui n'a jamais servi de passage à la route, comme on l'a dit à tort d'après un récit fantaisiste de Stendhal. Cette digue et ce travail de prévoyance sont très vraisemblablement l'œuvre des Romains. Je crois donc que Charles-Emmanuel s'est vanté en disant dans sa fastueuse inscription qu'il a ouvert une route que les Romains n'avaient pas osé tenter : *Romanis intentatam.*

CXXI
— 1878 —

GABRIEL DE MORTILLET. — *Guide en Savoie.* Chambéry, 1878.

L'on prétend que primitivement, pour passer de la vallée que l'on aperçoit en sortant de la Galerie et aller dans celle que l'on vient de quitter, et qui aboutit à Chambéry, on était réduit à traverser une véritable grotte naturelle, étroite et sinueuse, qui avait été percée par les eaux cherchant un écoulement. Cette grotte se voit encore au-dessous de la grande route, à gauche. Mais comme l'ouverture est assez élevée au-dessus du sol de la plaine, et que le rocher est coupé à pic, on était obligé de monter plusieurs échelles pour arriver à cette ouverture. C'est ce qui aurait fait donner au pays le nom de *plaine des Echelles*.

Les eaux qui avaient creusé la Grotte, s'étaient ensuite jetées plus à gauche dans une grande fissure qui part du sommet de la montagne, et la coupe en deux ; elles bouillonnent au milieu des rochers, et c'est par là que l'on passait (*per scabilionem de Cou*) ainsi que l'on le voit par les visites pastorales des évêques de Grenoble. En 1670, Charles-Emmanuel II, duc de Savoie, fit rejeter les eaux dans la grotte primitive au moyen d'un canal en pierre de taille que l'on voit encore aujourd'hui, et ouvrir dans le lit desséché du torrent un chemin à mulets et à chars qui fut un grand progrès sur le passé.....

NOTES

Page 1. *Sur l'identification des Echelles avec la Station Romaine de* Labisco.

Nous n'avons pas eu la prétention de donner un avis personnel et compétent sur l'identification des Echelles avec le *Labisco* des itinéraires romains : nous nous sommes bornés à conclure, en présence des nombreuses divergences sur cette question, en faveur de l'attribution qui réunissait la plus grande quantité de partisans, les plus autorisés et les plus récents. Nous avons cité Guy-Allard, De Vignet, E. Desjardins et la Commission de la Carte des Gaules, comme ayant adopté cet avis. Nous y ajouterons MM. A. Macé et A. Perrin. Toutes les autres localités : Yenne, Lanneu, Choisel, Novalaise, Chevelu, Lépin, le Pont-de-Beauvoisin, n'ont pour elles qu'un seul défenseur.

Nous ajouterons que tous les auteurs qui se sont occupés de cette question, sauf celui qui place *Labisco* au Pont-de-Beauvoisin, se sont préoccupés de le placer dans une localité qui soit le plus possible équidistante de *Lemincum* et d'*Augustum*. De toutes ces localités, les Echelles est certainement celle qui satisfait le mieux à cette condition.

Page 101. *Sur la Donation de Béatrix de Savoie
à la Commanderie des Echelles.*

La copie de la Donation de Beatrix de Savoie, qui existe aux archives du Sénat de Savoie, fut faite le 23 juin 1716, sur l'original qui existait aux archives de la Chambre des Comptes de Savoie, probablement à l'occasion d'un procès pendant devant le Sénat, et sur la requête de deux des bénéficiers attachés à la chapelle des Echelles. Cette copie est intitulée :

Extraict des Archives de la Souveraine Chambre des Comptes de Savoye d'un registre contenant differens tiltres anciens, passes entre les Comtes et Ducs de Savoye et divers Abbés, Prieurs et autres ecclesiastiques et personnes religieuses.

Et au feuillet 241 est registré le tiltre cy après :.....
(Suit la Donation de Beatrix.)

A la fin du document se trouve l'attestation suivante :

« Nous soubsigné Noble et Spectable Jean Antoine Borré, Conseiller du Roy, Clavaire et Archiviste en la Souveraine Chambre des Comptes de Savoye, en suite de la Commission a nous donnée par la d° Chambre, portée par son décret de ce jourduy, signé par le Seig' President Costa, Marquis de S' Genis, et contresigné Charve, mis sur requeste presentée par R⁴ Jean Baptiste d'Allegret et Claude Janot, Prestres sacristains et bénéficiés de l'Eglise des Echelles, avons procédé a l'Extrait cy devant ecrit sur le registre estant aux Archives de la d° Chambre, et après deue collation faite sur iceluy, l'avons expedié aux dits S. R. J. B. d'A. et Cl. Janot, pour leur servir ainsi que de raison et sans préjudice des droits de S. M° et de tous tiers, en conformité de n° d° comm°°, a Chambery le vingt trois juin mil sept cent seize. »

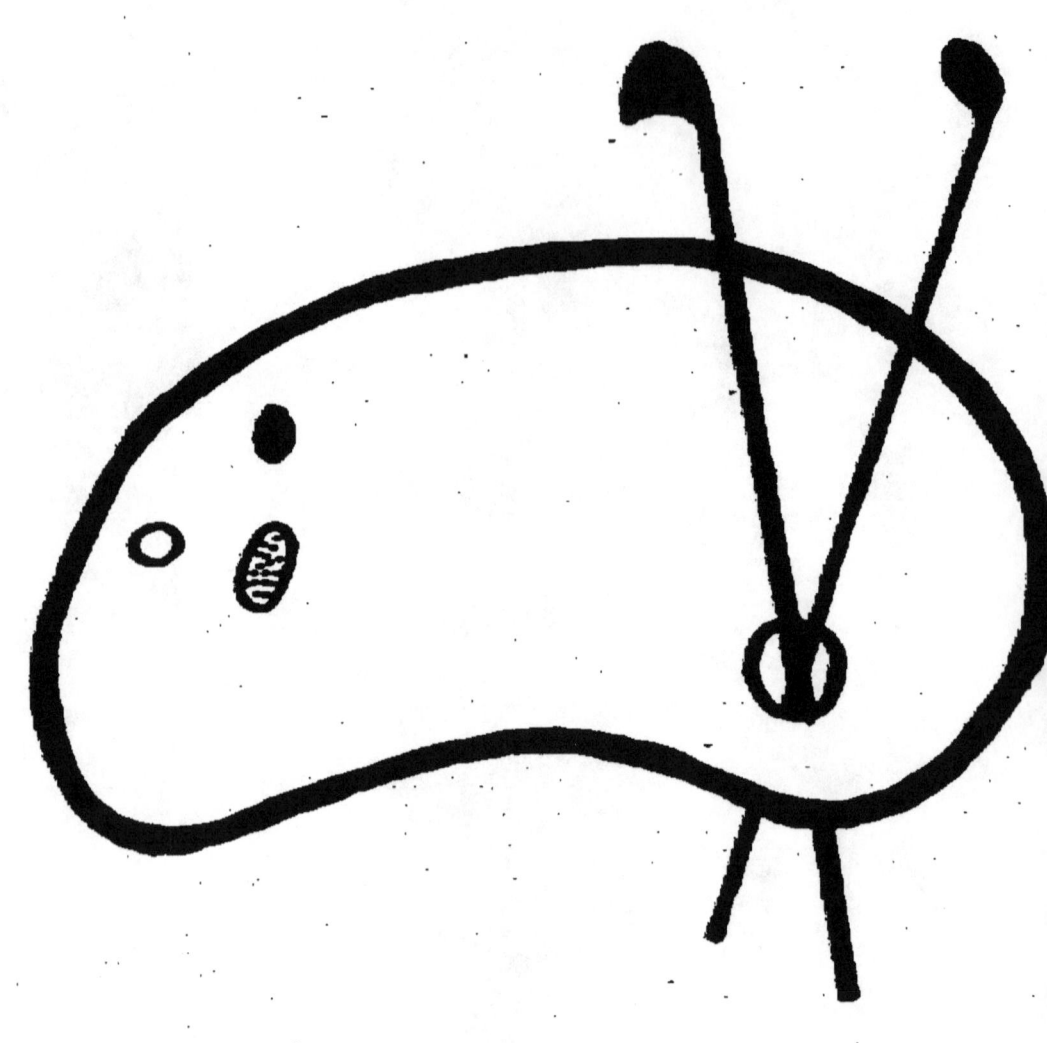

ORIGINAL EN COULEUR
NF Z 43-120-8

www.ingramcontent.com/pod-product-compliance
Lightning Source LLC
Chambersburg PA
CBHW070616170426
43200CB00010B/1811